Catrin Ponciano

111 Orte in und um Porto, die man gesehen haben muss

111

emons:

Für Papa

Bibliografische Information der Deutschen Nationalbibliothek
Die Deutsche Nationalbibliothek verzeichnet diese Publikation in der Deutschen Nationalbibliografie; detaillierte bibliografische Daten sind im Internet über http://dnb.d-nb.de abrufbar.

MIX
Papier | Fördert gute Waldnutzung
FSC® C083411

Covergestaltung: Karolin Meinert
Lektorat: Julia Lorenzer
Gestaltung: Anja Sauerland, nach einem
Konzept von Lübbeke | Naumann | Thoben
Kartografie: altancicek.design, www.altancicek.de
Kartenbasisinformationen aus Openstreetmap,
© OpenStreetMap-Mitwirkende, ODbL
Druck und Bindung: CPI – Clausen & Bosse, Leck
Printed in Germany 2024
ISBN 978-3-7408-1978-1

Vorwort

Bem-vindos no Porto

»O Porto« nennen die Portuenser ihre Stadt. Der Hafen. Das klingt erhaben und ist genau so gemeint, denn O Porto ist nicht irgendein Hafen. Von der weitreichenden, unermesslich spannenden Geschichte der Hafenmetropole fühlen sich ihre Bürger gestählt, vom Heiligen Geist berührt und von der Weite des Atlantiks inspiriert.

Mit Portos Sohn, Prinz Heinrich dem Seefahrer, begann die Neuvermessung der Welt. Das Herz des liberalen Königs Dom Pedro IV. ruht hier, als Symbol des Freiheitskampfes an der Spitze der unbesiegten, sehr noblen und loyalen Bürger der »Cidade Invicta«. Schließlich fließt das Wasser des Douro metaphorisch durch ihre Adern und verleiht ihnen Willenskraft – und ein großmütiges Herz. Vor 880 Jahren legte in Porto der erste König den Grundstein für das neue Königreich, und seither betrachten sich die Portuenser als die Keimzelle Portugals.

All das ist auf den ersten Blick unsichtbar. Wer von Porto hört, denkt an Portwein, dessen Marken etliche englische Namen tragen. Tatsächlich bilden Porto, der weltberühmte Likörwein und England eine sechs Jahrhunderte lang andauernde Allianz, die in der Stadt spürbar fortlebt.

Doch Porto bietet so viel mehr – und lockt zu Exkursionen quer durch die Weltkulturerbestätte am Douro entlang bis ans Meer. Erleben Sie Fado-Gesang im Waschhaus, ein Bad im Gezeiten-Bassin in den Klippen und folgen Sie dem Pfad der weiblichen Herkulesse. Kosten Sie unbedingt alle Portweinsorten. Durchstreifen Sie Portos Markthallen, begegnen Sie dem Kuttel-Mann, klettern Sie auf den Titanen in Matosinhos und erfahren Sie, warum Menschen sich gegenseitig mit Knoblauch auf den Kopf hauen. Porto erwartet Sie, mit ansteckender Lebenslust und offenem Geist. Mit Monumenten und Moderne, mit Brauchtum und Innovation, mit Glauben und Vision, verquirlt zu einem unvergesslichen Reiseabenteuer, das in diesem Buch mit 111 Geschichten beginnt.

Ihre Catrin Ponciano

111 Orte

1 Der 31. Januar

Das britische Ultimatum

Am 11. Januar 1890 überbrachte der britische Botschafter der portugiesischen Regierung in Lissabon eine Depesche mit einem Ultimatum. Darin wurde das Königreich Portugal aufgefordert, seine Truppen aus Simbabwe und Sambia unverzüglich zurückzuziehen. Laut Berliner Konferenz 1885, die die Handelsfreiheit am Kongo regeln sollte, war Portugal durchaus berechtigt, nach Zentralafrika vorzustoßen, doch die britische Krone hatte selbst ein Auge auf diese afrikanische Region geworfen und wollte das Gebiet allein besetzen.

Portugals Monarch knickte ein und gab den Befehl zum Rückzug. Ohnehin in einer innenpolitisch prekären Situation, feuerte diese Aktion den Spott der Republikaner noch mehr an. Das Aufbegehren gegen die Monarchie wurde lauter. Antibritische Protestkundgebungen mehrten sich. Eine Revolution lag in der Luft. Porto glich einem politischen Pulverfass, das am 31. Januar 1891 explodierte.

Mit Hilfe des bewaffneten Militärs stürmten Republikaner das Rathaus und riefen die Republik aus. Danach marschierten sie gemeinsam Richtung Telegrafenamt. An der Kirche Santo António vorbei, preschten die Revolutionäre bergauf durch die gleichnamige Geschäftsstraße, doch das Militär des Königs blockierte sie. Zuerst oben, dann weiter unten. Die Aufwiegler saßen in der Falle. Das Feuer wurde eröffnet. Es gab Tote und Verletzte und mehrere hundert Festnahmen. Die Revolte wurde erfolgreich niedergeschlagen, und die Republikaner wurden vorerst mundtot gemacht.

19 Jahre später gelang es den damaligen Anführern Teófilo Braga und Manuel José de Arriaga jedoch, die Revolte von 1891 in Lissabon zu wiederholen. Am 5. Oktober 1910 schafften sie es, mit einem Putsch die Monarchie zu stürzen und die erste Republik Portugals zu installieren. Im Andenken an den ersten, aber gescheiterten Putschversuch in Porto wurde der Schauplatz dieses Ereignisses in »Rua de 31 de Janeiro« umbenannt.

Adresse Rua de 31 de Janeiro, 4000-427 Porto | ÖPNV Metro D, Haltestelle São Bento, Nordausgang, den Straßenbahnschienen bergauf nach rechts folgen | Tipp An der »Straße des 31. Januar« reihen sich Geschäfte und Boutiquen mit historischen Art-déco- und Jugendstilfassaden. Ein Denkmal für die Opfer der Revolte steht am Institut der Salesianer im Stadtteil Fontaínhas am Eingang zum Friedhof Prado do Repouso.

2 Der Ausgeschlossene

Das Meisterstück des Meisterskulpteurs

Im Dezember 2022 feierte »Der Ausgeschlossene« seinen 150. Geburtstag. Im Ausstellungssaal für Skulpturen im ehemaligen Königspalast und heutigen Nationalmuseum »Museu Nacional de Soares dos Reis« wirkt seine Anwesenheit raumgreifend. Die Skulptur des jungen Mannes trägt das Gewicht des Ausgeschlossenen auf den Schultern. Sein Antlitz verbirgt er unter unsortierten Locken. Der Blick schweift verklärt in die Ferne. Der Körper, adonisch in Carrara-Marmor gemeißelt, wirkt erschlafft. Die Kraft der Jugend hat ihn verlassen.

Die Skulptur, betitelt als »O Desterrado«, erzählt vom introvertierten Innenleben ihres Erschaffers, des Meisterskulpteurs António Soares dos Reis. Die Mimik, die Haltung, die gesamte Konzeption der Figur spiegelt seine Einsamkeit wider und kann als tiefschürfende Auseinandersetzung des Künstlers mit sich selbst und seiner unerfüllten Sehnsucht nach einer Lebensform interpretiert werden, die Ende des 19. Jahrhunderts in Portugal unmöglich war. Porto war nicht Paris, schon gar nicht Rom, wo der Steinmetz mit den talentierten Händen die Alten Meister seines Fachs studiert hat.

Das Werk »O Desterrado« war 1872 eine Sensation. Der Künstler wurde hochgelobt, dennoch fühlte er sich wie abgetrennt von der Realität um ihn herum, die nicht seine war, was ihn 1889 letztendlich sogar in den Suizid getrieben hat.

Aus heutiger Sicht betrachtet, handelt es sich um ein zeitloses Werk, das die Emotionalität vergangener, aber auch gegenwärtiger gesellschaftlicher Kluften ausstrahlt. Das in sich gekehrte Gesicht könnte auch das eines Flüchtlings, eines politisch Verfolgten, eines heimatlosen Menschen sein. Soares dos Reis schaffte es in jeder Skulptur wieder, die innere Haltung seiner Modelle unnachahmlich präzise und gleichzeitig realistisch im Stein sichtbar zu machen. In Portugal gilt er deswegen zu Recht bis heute als Vorbild in der Bildhauerszene, die internationale Anerkennung findet.

Adresse Museu Nacional de Soares dos Reis, Rua Dom Manuel II 4, 4050-522 Porto | ÖPNV Bus 302, Haltestelle Hospital de Santo António, der Rua Dom Manuel II etwa 100 Meter bis zum Museum auf der rechten Seite folgen | Öffnungszeiten Di–So 10–18 Uhr | Tipp Besuchen Sie unbedingt auch die Dauerausstellung des Malers Henrique Pousão, des portugiesischen Vorreiters des Kubismus.

3 Die Aussichtsterrasse

Aussichten und Einsichten

In der Morgendämmerung umgibt Frühnebel den Douro, aus dem sich das elegante Stahlgerüst der Weltkulturerbe-Brücke Ponte Luís I erhebt. Die Tunnelgewölbe der Eisenbahnlinie zwischen den Bahnhöfen São Bento und Campanhã, die Fernandina-Mauer und die Balustrade schimmern schlierig grau, bewachsen mit Moos, vom Zahn der Zeit angenagt. Noch ruht Porto, das auf Granit erbaut wurde. Doch kaum verflüchtigen sich die Nebelhexen, startet die Metropole ihr Tagwerk und zieht ihr kunterbuntes Gewand an.

Die Dächer der Portweinkellereien in Vila Nova de Gaia am Ufer gegenüber glänzen ziegelrot, die Steilhänge unter der Klosteranlage Serra do Pilar verwildert grün. Über Mittag lädt der Park am »Miradouro das Fontaínhas« zum Picknicken ein und am späten Abend zum Bestaunen des Sonnenuntergangs. Tief unten strömt der Douro gen Meer. Majestätisch wie eh und je. Vier der insgesamt sechs Brücken Portos durchziehen das Bild. Vier Baustile, die sich scheinbar zum Greifen nah über den Fluss spannen.

Die Aussichtsterrasse ist ein Ort der Begegnung. Ein Park, beschattet mit Bäumen und mit Brunnen versehen. Bevölkert von allen Generationen, die im gleichnamigen Viertel mit den ältesten existierenden Nachbarschaftsbanden der Metropole wohnen. Hier kennt jeder jeden noch namentlich.

Die Terrasse beginnt am Praça da Alegria am Johannis-Brunnen direkt am Fuß der Ponte Infante Dom Henrique und endet flussaufwärts am Kinderspielplatz neben dem Friedhof. Unterhalb verlaufen die Eisenbahnschienenstränge. Am nicht mehr genutzten Waschplatz vorbei führen Treppen durch urbane Gemüsegärten und Unkraut-Dschungel hinunter bis zur Uferstraße. Sonntagvormittags findet hier ein Vogelmarkt statt. Die umliegenden Cafés laden zu Fallstudien ein. Touristen begegnet man hier eher selten, dafür umso mehr Einheimischen. Ein wahres Panoptikum für Entdecker, Maler und Fotografen.

Adresse Miradouro das Fontaínhas, Rua de Gomes Freire 18, 4000-238 Porto | ÖPNV Bus 901 Richtung Campanhã, Haltestelle Batalha, der Rua Alexandre Herculano etwa 400 Meter Richtung Osten folgen | Tipp Erkunden Sie den »Passeio das Fontaínhas« flussabwärts bis zur Stadtmauer »Muralha Fernandina« und treppab zum Fußballclub »Guindais«. Dort lockt eine Terrasse mit grandioser Aussicht direkt auf das Stahlgerüst der Brücke.

4 Bacalhau forever

Portugals heiliger Fisch

Niemand spricht gern darüber, dass portugiesische Fischer die wahren Entdecker Nordamerikas gewesen sind und nicht, wie weitläufig angenommen, Christoph Kolumbus. Eine Inschrift auf einem Grenzstein im heutigen Neufundland beweist die Anwesenheit von Portugiesen bereits weit vor 1492 im Nord-Eismeer. Die Namen der Fischer sind ebenso eingraviert wie das Jahr, in dem sie als Bacalhau-Fischer anheuerten und dort lebten.

Der arktische Kabeljau galt als besonders fett und kalorienreich, er ließ sich wunderbar salzen, trocknen und damit für viele Monate konservieren. Portugals treuer Freund, »Amigo Fiel«, war schließlich das Fleisch der Armen, die weder Fleisch essen durften, weil es angeblich zu Unsittlichkeit verführte, noch Geld dafür besaßen.

Die Bacalhau-Kutter-Kapitäne ließen die Fischer in Barken im Eismeer treiben. Den Kabeljau fingen sie mit Leine und Haken, sie machten ihm noch an Bord der Holzkähne den Garaus und brachten dann Stunden später völlig durchgefroren ihre Beute an Bord der Kutter. Der Fisch wurde in Kisten, die mit Meersalz aus der Heimat gefüllt waren, gebettet und zurück in Portugal am Strand aufgehängt und im Wind getrocknet. Überall entlang der Küste entstanden so Bacalhau-Trockenplätze sowie eine eigene Weiterverarbeitungsindustrie zu allerlei Köstlichkeiten rund um den Bacalhau.

Die Open-Air-Trockenplätze sind längst Trockenkammern gewichen, die Bacalhau-Kutter modernen Trawlern, aber der Fisch ist nach wie Portugals kulinarisches Wahrzeichen. Jede Hausfrau brüstet sich mit einer Eigenkreation, Kochbücher bieten 1.001 leckere Rezept-Variationen. Für den Erstkontakt empfiehlt sich die klassische Krokette »Pastel de Bacalhau«, am besten in Kombination mit einem Glas Portwein. Von da an folgt man der kulinarischen Spur des gesalzenen und getrockneten Kabeljaus quer durch Portos Gastrokultur von der Tasca bis zum Sternelokal.

Adresse Casa Portuguesa do Pastel de Bacalhau, Campo dos Mártires da Pátria 108, 4050-367 Porto | ÖPNV Tram 18, 22, Haltestelle Carmo, etwa 200 Meter durch den Park vor dem Clérigos-Turm rechts | Öffnungszeiten 10–22 Uhr | Tipp Im gegenüberliegenden Park João Chagas werfen 100-jährige Platanen ihre Schatten auf den einstigen Henkersplatz im Mittelalter. Ein schattiges Plätzchen mit Skulpturen und Brunnenteich.

5 Das Bairro Guindais

Zwischen Sack- und Hauptbahnhof

In Porto geht es entweder steil bergauf oder steil bergab. Mitten durch das beinharte Granitgestein am Hang strömt der Douro majestätisch unter sechs Brücken hindurch und an der Weltkulturerbe-Kulisse vorbei gen Ozean. Westlich der alten Stadtmauer »Muralha Fernandina« ist Porto erfüllt von touristischem Leben, viel Verkehr und dem Arbeitsalltag der Menschen. Östlich davon geht es beschaulicher zu. Die Brücke Dom Luís I bildet die Grenze zwischen den zwei Lebensrealitäten. Je weiter man also dem Weg an der Bahnlinie entlang gen Osten folgt, desto näher kommt man einer von Arbeit und Bescheidenheit geprägten Lebenswelt.

An der Brücke Infante Dom Henrique führt eine Treppe hinab und an einem ausgemusterten Waschtank vorbei. Der Pfad kreuzt die Eisenbahnschienen Richtung Osten nach Campanhã. Geduckte Häuser begleiten den Erkundungsgang. Sie zeugen von einer Art Vergessenheit, die sich bipolar zur sonst fortschrittlichen Haltung der Metropole verhält. Die Bewohner hier warten. Auf vollständige Erschließung. Auf moderne elektrische Leitungen. Auf das Angleichen an den heutigen Wohnstandard.

Dieses infrastrukturelle Nachhinken verwundert, denn Projekte zur Restaurierung mit Erhaltung des charakteristischen Stadtbildes liegen dem Städtebauamt bereits vor, schließlich befindet sich eine Vielzahl der vergessenen Häuser in überaus privilegierter Hanglage mit Ausblick auf die »Serras do Porto« und auf den Douro.

Der rudimentär angelegte Weg führt unter der legendären Eiffel-Eisenbahnbrücke Maria Pia hindurch. Er soll als ausgeschriebener Wanderweg mit künftig möglicher Überquerung des stillgelegten Brückendenkmals Touristen weiter flussaufwärts locken und damit einen Anreiz für Investoren bieten. Doch ganz ohne Intervention der Stadtplaner wird das kaum zu realisieren sein. Dann hätte das Warten der Bewohner ein Ende und würde ihnen einen Grund zum Bleiben bieten.

Adresse Miradouro a Ponte D. Luis I, Rua Miradouro 42, 4000-279 Porto | ÖPNV Bus 904, 905 Richtung Monte da Virgem, Haltestelle Batalha, Largo 1° de Dezembro, von dort etwa 200 Meter bis unter die Brücke Infante Dom Henrique | Tipp Am Fuß der Eiffel-Brücke Maria Pia lädt das Wohnwagen-Café »Aninha« zu einer Pause ein. Am Ende der Wanderstrecke erreicht man Portos Hauptbahnhof Campanhã.

6 Die Bandeirinha da Saúde

Die Quarantäneflagge

Dieses Wahrzeichen nimmt man so rasch gar nicht wahr. Dabei ist der über fünf Meter hohe, pyramidenförmige Pfeiler mit Armillarsphäre, Standarte und dem Ordenskreuz der Christusritter aus Metall unübersehbar. Er steht auf der Aussichtsterrasse vor dem Palast der Meerjungfrauen und wurde dort eigens vor über 400 Jahren für einen lebenswichtigen Zweck aufgestellt. Er diente als Stoppzeichen für Handelsschiffe. Der Obelisk markierte eine von der See aus sichtbare, durch den Douro von Ufer zu Ufer gezogene Grenze, die kein Schiff ohne ärztliche Inspektion an Bord passieren durfte, und anlegen durfte es erst recht nicht.

Die Portuenser wollten eingeschleppte Krankheiten vermeiden und forderten eine medizinische Pflichtuntersuchung jeder Schiffsbesatzung. Bei Verdacht auf Tropenfieber oder gar die Pest wurde das Schiff am Hauptmast gekennzeichnet und musste bis auf Weiteres in der Mündung vor Anker gehen. »Alle Mann von Bord«, lautete dann der Befehl. Die Kranken wurden nach Vila Nova de Gaia gerudert und in das in aller Abgeschiedenheit gelegene Lazarett »Santo António do Vale da Piedade« überstellt. Dort begleiteten sie Ordensbrüder bis in den Tod.

Während der Belagerung durch Napoleon 200 Jahre später diente das Gebäude französischen Offizieren als Kommandozentrale. Beim anschließenden Bruderkrieg überwältigten Liberalisten eine Truppe feindlicher Soldaten, die sich in dem einstigen Hospiz verbarrikadiert hatte. Später kaufte ein Adliger das Anwesen und verwandelte den Klostergarten in einen Miniatur-Tuilerien-Park und das Krankenhaus in eine Privatresidenz. Die Pest, Napoleon und der Bruderkrieg waren vergessen, Portos Bourgeoisie flanierte durch das Gartenparadies, das alsbald für heimliche Rendezvous als Treffpunkt der Liebenden bekannt wurde.

Die Quarantäneflagge hat längst ausgedient, dennoch mahnt der Obelisk vor der Gefahr eingeschleppter Epidemien.

Adresse Rua da Bandeirinha 27, 4050-506 Porto | ÖPNV Bus 801, Haltestelle Hospital Geral de Santo António, von dort die Rua da Restauração überqueren und der Rua da Bandeirinha etwa 400 Meter steil bergab folgen | Tipp Durch das anschließende Viertel Monte dos Judeus erreicht man die Uferstraße. In dem einstigen Stadtteil für jüdische Bewohner sowie in Miragaia gibt es überall etwas zu entdecken. Im früheren Zollhaus »Alfândega« am Fluss finden im »Living Van Gogh Porto« Mega-Kunstausstellungen statt.

7 Der Baumwipfelpfad

Abenteuer für alle fünf Sinne

18 Hektar Park hat der französische Landschaftsarchitekt und Vorreiter der klassischen modernen Gartenkultur Jacques Gréber den Portuensern in den 1930er Jahren geschenkt. Ein ökologisch klug durchdachter Landschaftsgarten mit 230 verschiedenen heimischen und exotischen Arten wurde unter architektonischen Gesichtspunkten so angelegt, dass Geometrie und Form harmonieren. Weitläufige Rasenflächen liegen wie zufällig zwischen dicht bewachsenen Waldhainen mit einer großen botanischen Vielfalt, die überwiegend mediterraner Herkunft ist. Eine Allee führt, bekränzt von akkurat gestutzten Hecken, mitten durch die Wiesen, und ein Wegenetz schlängelt sich kreuz und quer durch das Gelände der heutigen Serralves-Stiftung, die in ihrem Park Kunst, Museen und Gedenkstätten beherbergt sowie zeitgenössische Installationen in einer Open-Air-Galerie zeigt.

Ist man unterwegs auf Erkundungstour, entdeckt man immer wieder Überraschungen im Park. Neben der Art-déco-Villa »Casa de Serralves« und dem Haus, in dem der Nachlass des Cineasten Manoel de Oliveira untergebracht ist, stößt man auf ein Haus für die vielen Gärtner, die sich täglich akribisch und mit Liebe zum Detail um das ökologische Kleinod kümmern. Teichanlagen sowie ein Wasserspiegel, in dem sich die Baumwipfel scheinbar doppelt so hoch gen Himmel erheben, vervollständigen das Konzept. Das Kunstmuseum wartet mit zeitgenössischen Exponaten international agierender Künstler auf.

Im südlichen Teil des Parks lädt in 15 Meter Höhe ein Baumwipfelpfad zu einem Abenteuer für alle fünf Sinne ein. Der Stelzenpfad, entworfen von den Star-Architekten Álvaro Siza und Carlos Castanheiro, leitet den Besucher auf einem durchweg horizontalen Holzweg mitten durch dicht belaubte Baumkronen. Der Steg wurde zum 30. Geburtstag der Stiftung geschaffen, mit dem Ziel, den Besuchern ein außergewöhnliches Natur- und Kulturerlebnis zu bieten.

Adresse Serralves, Rua de Serralves 873, 4150-417 Porto | ÖPNV Bus 207 Richtung Foz, Haltestelle Serralves, Eingang etwa 200 Meter von der Bushaltestelle entfernt | Öffnungszeiten täglich 10–18 Uhr | Tipp Schräg gegenüber dem Eingang treffen Sie auf das 20 Meter hohe »Monumento ao Empresário« von José Rodrigues. Es besteht aus schwarzem Marmor, beinhaltet eine Brunnenanlage und will als Ehrung an das Unternehmertum von Porto verstanden werden.

8 Der bronzene Engel

Kunst zwischen sakral und profan

Sie habe »Du« zu Gott gesagt, heißt es über die Meister-Bildhauerin Irene Vilar. Ein halbes Jahrhundert bildende Kunst hat sie hinterlassen. Opernsängerin wollte sie werden, aber nach dem Willen ihrer Eltern hat sie Malerei studiert, sich dann für Bildhauerei entschieden, nachdem Mestre Barata Feyo sich ihrer angenommen hatte. Er brachte ihr alles bei, um Figuren, Medaillons und Münzen sowie Skulpturen aus Holz, Stein und Bronze zu erschaffen.

Das Innere nach außen kehren, das strebte Irene an. Das Profane mit dem Heiligen vereinen wollte sie. Porträtieren und phantasieren. Den Bildnissen bekannter Persönlichkeiten wohnt eine unverkennbar mit Irenes Händen entstandene Aura inne. Sie tragen ihre ureigene, eigenwillig spiritualistisch geprägte Handschrift, die ihren geschärften Blick für die Persönlichkeit hinter der Figur offenbart und den Betrachter auf eine erhaben emotionale Ebene führt.

Eine Reihe öffentlicher Denkmäler, etliche Ikonen in Portos Kirchen und ein berühmtes Bildnis der Jungfrau von Fátima im dortigen Heiligtum entstanden in Irenes Atelier.

Ihre bekannteste Skulptur findet man an der letzten Windung des Douro, bevor der Fluss in Foz in den Atlantik mündet. Ein bronzener Engel, eine Hand berührt die Herzbrust. Das Haupt ist gesenkt. Erleichtert wirkt seine Haltung im Abendlicht, sobald sich Schatten auf den Fluss werfen und er im Licht des sich verabschiedenden Tages leuchtet. Als wäre er gerade erst in den Schoß Portos, den Douro, eingelaufen, als hätte er alle Strapazen einer Entdeckerfahrt mit Stürmen und Kriegen überlebt. So in sich zusammengesunken kniet er da. Die Hoffnung auf Heimkehr hat obsiegt. Deswegen wird er als Hort des Glaubens verehrt, als Botschafter des Friedens. Irenes Anliegen ist gelungen. Ihr »O Mensageiro« drückt alle Hoffnung auf Frieden aus. Spürbar durch Handauflegen, wie es alle tun, die vorbeikommen.

Adresse Rua de Sobreiras, 4150-713 Porto | ÖPNV Tram 1, Haltestelle D. Leonor, Denkmal direkt am Flussufer | Tipp Fünf Minuten Fußweg entfernt befindet sich an der Kapelle »Nossa Senhora da Ajuda« das Mahnmal für die Gefallenen im »Ultramar« genannten Kolonialkrieg in den ehemaligen portugiesischen Kolonien Angola, Mosambik und Guinea.

9 Das Café Guarany

Ein Hauch von Amazonas

Das Café liegt am Aliados. Umgeben ist der Platz von Banken, Hotels und Geschäftshäusern im klassizistischen Stil. Das Karree fungierte während der 1920er Jahre als Ort für gediegene Caféhaus-Kultur: vom »Salão-Nova« im Jugendstil über Bars für Sportfans bis hin zu Konditoreien speziell für Zeitungsleser oder Geschäftsleute. Alle waren sie Anlaufstellen für Intellektuelle.

Ein Café galt als Versammlungsort, wo man persönliche Ansichten öffentlich kundtun oder politische Thesen verbreiten konnte, sowie als Treffpunkt für Lobbyisten. Der Wirt war parteilos, nichts als die Bezahlung der Zeche hatte ihn zu interessieren, egal, was ihm zu Ohren kam. Genau die richtige Zeit für ein exotisches Café mit dem lautmalerischen Namen »Guarany«, um dem zum Kaffeeland aufgestiegenen Brasilien, einer ehemaligen portugiesischen Kolonie, Rechnung zu tragen.

Das Café versteht sich als Hommage an das indigene Volk der Guaraní, deren Häuptlinge ihre Stämme gänzlich ohne Strafen führen. Stolze, kräftig gebaute Männer sind die Guaraní, wie das mannshohe steinerne Relief im Foyer zeigt. Die Statue entstand 1857 und wurde von der Novelle »O Guaraní« inspiriert, die in der Opernfassung auch in der Mailänder Scala aufgeführt wurde: Die Tochter eines reichen Kaffeeplantagenbesitzers verliebt sich in einen Häuptling, doch ihre Liebe ist nicht von Dauer, der Vater jagt den Guaraní davon.

Genau wie in der Geschichte beschrieben, verdrängten die Kaffeeplantagen und ihre kolonialistischen Besitzer die Guaraní aus ihrem natürlichen Lebensraum. Die Stämme zogen sich in den Dschungel an den Amazonas zurück und leben dort gemäß ihrem Kodex weiter.

Das »Café Guarany« möchte an das Schicksal der Guaraní erinnern, deswegen schmücken den klassisch eingerichteten Salon seit dem letzten Umbau Alltagsszenen des Stammes. Deren Schöpferin ist die Malerin und Konzeptkünstlerin Graça Morais.

Adresse Avenida dos Aliados 85/89, 4000-066 Porto | ÖPNV Metro D, Haltestelle Aliados | Öffnungszeiten täglich 9–22 Uhr | Tipp Direkt an der Rückseite des Gebäudes, in der Rua do Almada, befindet sich das Hard Rock Café. Am Liberdade-Platz liegt die älteste Konditorei mit Traditionscafé: »Ateneia«.

10 Das Café Palladium

Glockenspiel im Drei-Stunden-Takt

Zwischen der Tram-Haltestelle Marcolino und dem Café Majestic erhebt sich ein Gebäude, das besonders hervorsticht. Nach dem Vorbild der berühmten Pariser Kaufhäuser entwarf Architekt Marquês da Silva hier ebenfalls ein mehrstöckiges Kaufhaus mit einprägsamer Fassade, die den Betrachter durch ihre klassizistischen Formen und die verspielten Jugendstilelemente nach wie vor in den Bann zieht.

Das Gebäude »Grandes Armazéns Nascimento« war damals das erste in Porto, das mit Betonschalung anstatt wie bis dato üblich mit Holz und Eisen errichtet wurde. Eine bautechnische Innovation. Das gab reichlich Spielraum für die optische Öffnung der Etagen, die in der Mitte mit einem Treppenhaus und einem Aufzug miteinander verbunden waren, ganz ohne Zwischenwände einziehen zu müssen.

Das darin zunächst eröffnete Möbelhaus wich 1939 einem Café, das aufgrund seiner Atmosphäre und seiner exquisiten Art-déco-Ausstattung in Europa seinesgleichen suchte: das Palladium. Im Erdgeschoss fand der Cafébetrieb statt, im ersten Stock eröffneten eine Galerie sowie ein Spielsalon mit Spieltischen für Marathon-Schach und andere Brettspiele, eine Etage höher standen elf amerikanische Snooker-Tische, und im Dachgeschoss etablierte sich ein Cabaret mit Privat-Aufzug und Eintritt mit Clubkarte. Sensationell, urteilte die Presse einstimmig. Im Cabaret gab es Flambier-Wagen, Cocktails, Zigarren, die Tische waren sogar mit Telefon ausgestattet.

Übrig geblieben von der Pracht ist nur noch die einprägsame Fassade, der Name »Galerias Palladium« und Portos meistfotografierte Uhr, die alle drei Stunden mit ihrem Glockenspiel klangvoll daran erinnert, dass man doch noch einen Café trinken könnte. Zum Glockenspiel drehen vier Figuren eine Runde auf dem Baldachin: der Schutzheilige von Porto, São João, Prinz Heinrich der Seefahrer und die zwei Portuenser Literaten Almeida Garrett und Camilo Castelo Branco.

Adresse Galerias Palladium, Rua da Santa Catarina 73/Ecke Rua de Manuel dos Passos, 4000-153 Porto | ÖPNV Tram 22, Haltestelle Marcolino | Tipp Lassen Sie sich von der Einkaufslaune der Portugiesen anstecken oder legen Sie eine Pause in der Hausbrauerei »Fábrica Nortada« ein.

11 Der Caminho de Santiago

Die Fährte der Kammmuschel

Die berühmteste Pilgerin Portugals war die heiliggesprochene Königin Santa Isabel. Von Coimbra brach sie auf zum Grab des Apostels Jakobus, in die Provinz A Coruña. Ihre Pilgerroute am südlichen Douro-Ufer via Porto an der Küste entlang Richtung Galicien ist seither als »Caminho da Isabel« bekannt. Die Königin erreichte Porto am historischen Zollhaus, dem späteren Geburtshaus von Heinrich dem Seefahrer.

Von dort geht es auch heute noch zur Kathedrale »Sé do Porto«, wo man den Pilgerausweis erwirbt. Nun folgt man dem »Caminho« auf insgesamt 248 Kilometern bis nach Santiago. Die erste Etappe durch Portos Rua das Flores führt zur Misericórdia-Kirche, dort steigt man rechts bergauf durch die Rua dos Caldeireiros zum Clérigos-Turm. In dem Geschäft »Arte Sacra« kann man die Jakobsmuscheln erwerben. An der Kirche der Barfüßigen Karmeliterinnen vorbei geht es weiter zum Platz »Carlos Alberto« mit dem Kopfsteinpflastermuster der Großen Kammmuschel, dann weiter gen Norden bis zur »Igreja de São Martinho de Cedofeita«.

Ein imposantes Kreuzritter-Kreuz verabschiedet den Pilger aus Porto. Die Route führt bis Matosinhos, wo man im Tourismusbüro den ersten Pilgerstempel erhält. Am Fischerdenkmal »Padrão« soll laut Legende ein verliebter Ritter namens Cayo Carpo zum Zeichen seiner Anbetung dem Schiff mit den sterblichen Überresten des heiligen Jakobus an Bord mit seinem Pferd ins Meer hinein gefolgt und abgetaucht sein. Als er wieder auftauchte, waren Pferd und Reiter von Kopf bis Fuß mit Jakobsmuscheln übersät. Seither dient die Muschelschale als Wahrzeichen des Jakobswegs.

Von Matosinhos geht es an Portugals traumhafter Nordwestküste entlang nach Norden, die Grenze nach Galicien überquert man in der Stadt Tui. Der heilige Jakob fordert in seinen Episteln, dass man sich mit sich selbst auseinandersetzen soll, vielleicht macht man hier in Porto den ersten Schritt.

Adresse Sé do Porto, Terreiro da Sé, 4050-573 Porto | ÖPNV Metro D, Haltestelle São Bento, Südausgang, der Straße zur Kathedrale rechts hinauf folgen | Tipp Im Hinterhaus der Kathedrale befindet sich das Museum für Glasmalerei. In der schmalen Gasse an der Rückseite des Doms stoßen Sie auf das älteste Haus Portos.

12 Die Carquejeiras do Porto

Die Stechginster-Schlepperinnen

Das Kopftuch schamhaft ins Gesicht gezogen, eine Bluse, ein Rock, barfuß. So schaut sie auf den Betrachter herab. »Maria« heißt die Skulptur. Als Hommage an jede Maria, deren menschliches Drama als Lastenschlepperin bislang noch keinen Roman füllt. Deren Leidensgeschichte in der heutigen Zeit kaum mehr wahrgenommen wird.

Die Skulptur steht am oberen Ende der Rampe Calçada das Carquejeiras, die Guindais am Fuß der zweistöckigen Brücke Dom Luís I mit dem Stadtviertel Fontaínhas mit 21 Prozent Steigung verbindet. »Maria« steht also exakt dort, wohin sie und andere »Carquejeiras« noch bis in die zweite Hälfte des vergangenen Jahrhunderts täglich mehrmals mit Stachelginsterbüscheln bepackt wie Zugtiere hinaufgestiegen sind, um in der Oberstadt Brennmaterial an Privathäuser und Backstuben zu verkaufen.

Die Traglast bestand aus in der Serra de Marão geschnittenen »Carqueja«, die zu Bündeln geschnürt auf dem Kopf balanciert und mit einem Strick um die Stirn gesichert wurden. Beladen mit über einem Zentner, bewältigten die Frauen den Aufstieg einzig im Zickzackkurs. Wo Esel, Mulis und Ochsen scheiterten, kletterten die Schlepperinnen von Porto weiter. »Weibliche Herkulesse« nannte man sie, doch die Wahrheit der sogenannten Heldinnen war traurig und hart. Sie lebten in ärmlichen Verhältnissen. Ihre Anstrengung bescherte ihnen kaum genügend Geld für sich und ihre Familien. Sie gebaren ihre Kinder auf der Straße und trugen sie fortan bei sich. Ein trostloses Dasein, über das die letzten noch lebenden Schlepperinnen dennoch sagen: An manchen Tagen waren wir glücklich. Ihr Los grub sich faltenreich in ihre Antlitze. In ihren Augen spiegelte sich die eiserne Härte ihres Daseins wider.

Dem Künstler José Lamas ist es beklemmend gut gelungen, diese Härte im Gesicht der Skulptur »Maria« für die Nachwelt unsterblich und das soziale Abseits dieser Frauen unvergesslich zu machen.

Adresse Alameda das Fontaínhas 18, 4000-238 Porto | ÖPNV Bus 901, 905, Haltestelle Batalha, der Rua Alexandre Herculano Richtung Osten folgen, Skulptur am Brückenpfeiler der Brücke Infante Dom Henrique | Tipp Folgen Sie der »Calçada das Carquejeiras« von der Avenida Gustavo Eiffel hinauf bis zum Denkmal; unterwegs stoßen Sie auf die Überreste der Kapelle, in der die Schlepperinnen gebetet haben.

13 Die Casa da Música

Portos futuristischer Klangwürfel

Porto empfing im Jahr 2001 als Kulturhauptstadt Europas Besucher aus aller Welt. Die Vorbereitungen dafür waren enorm, und das i-Tüpfelchen sollte eine neue Konzerthalle werden. Insgesamt 26 Stararchitekten reichten Projekte ein, davon stammten 15 aus dem Ausland. Nach einer ersten Auswahl reduzierten sich die Kandidaten auf sieben, nach der zweiten Sichtung auf drei. Perrault und Viñoly überzeugten durch Funktionalität und Ästhetik, während der holländische Architekt Rem Koolhaas einen Entwurf für ein multifunktionales und holistisch durchdachtes Projekt vorlegte. Der Bauplan sah mehrere Konzertsäle auf unterschiedlichen Ebenen vor, der große Saal sollte von zwei tragenden Wänden und von zwei Panorama-Glasfronten gerahmt werden, durch die Tageslicht dringt, das der Bühne ihre ureigene Lichtatmosphäre verleiht. Das gesamte Projekt ist in einen würfelförmigen, abstrakt auseinandergezogenen und leicht gekippten Gebäudekomplex eingefügt.

Eine heiße Diskussion über den Entwurf entbrannte. Gegner des Projekts nennen das Theater bis heute »Schuhkarton«, die Befürworter »Wunderwürfel«.

Letzteres trifft definitiv zu. Das Modell existierte bereits in den Niederlanden im Miniaturformat unter dem Namen »Y2K«. Dort hatte sich ein Kunde von Kohlhaas einen Wohnraum gewünscht, in dem alle Mitbewohner ihren eigenen Bereich besetzen und dennoch ein zentraler Gemeinschaftsraum existiert. Das »Y2K« hat 200 Quadratmeter. Koolhaas ist es in Porto meisterhaft gelungen, den Bau auf 38.000 Quadratmeter Nutzfläche auszuweiten, eingearbeitet in weißen Beton und Glas, wobei der Gemeinschaftsraum als Großer Konzertsaal exakt im Zentrum liegt.

Ein geführter Rundgang durch das Haus der Musik, in dem drei Orchester zu Hause sind, hält auf jeder Ebene mehrere architektonische Überraschungen bereit. Eine echte Ikone unter den Konzerthäusern der Welt mit Aussicht Richtung Meer.

Adresse Avenida da Boavista 604–610, 4149-071 Porto, www.casadamusica.com | ÖPNV Bus 302, Haltestelle Boavista Correios, von dort um den Kreisverkehr auf die gegenüberliegende Seite laufen | Öffnungszeiten Anmeldung für geführte Besichtigungen unter visitasguiadas@casamusica.com | Tipp Das Denkmal im Kreisverkehr erinnert an die Opfer der napoleonischen Kriege. Der Frischmarkt Bom Sucesso bietet kulinarische Köstlichkeiten bis 23 Uhr.

14 Die Casa Diogo

Süßes und Salziges aus dem Holzofen

Das Familienunternehmen »Diogo« blickt auf 120 Jahre Firmengeschichte zurück, geboren als Generationenpakt für kulinarische Spezialitäten aus Valongo, die nach Art der Großeltern im mit Holz beheizten Backofen zubereitet werden. In der urig eingerichteten Casa Diogo, die eher ein Häuschen ist, fühlt man sich auf Anhieb wie in der guten alten Stube am Kachelofen. Dafür sorgen das Mobiliar, die Dekoration und die Gastfreundschaft, mit der das Team seine Gäste umhegt. Hier können Schleckermäuler Süßes und Salziges aus dem Holzofen kosten. Törtchen, Kuchen, Kekse in allen Varianten, die zur traditionellen Portuenser Konditorenkunst gehören, mit Mandelsplittern, Schokostückchen, Orangenabrieb und Johannisbrot, die einem den Tag versüßen.

Als Hotspot für ofenwarmes Knubbel-Holzofenbrot ist die Casa Diogo bei den Nachbarn im gesamten Viertel bekannt, ebenso für ihre hausgemachten Räucherwaren aus der Region »Trás-os-Montes« (Hinter den Bergen). Deftige Rotwurst, Blutwurst und die regionale Wurstspezialität »Alheira« aus Mirandela verströmen ihren appetitlichen Duft bis auf die Straße.

Die fein moussierte Wurst aus Putenfleisch findet der Gast im Restaurant in Eintöpfen mit Bohnen. Sie ist streichfähig und schmeckt gegrillt würzig nuanciert nach Bergkräutern. Gereifte Rohmilchkäse aus Ziegenmilch oder Schafsmilch sowie Handkäse offenbaren die Käsevielfalt des Nordens. Wer sich durchprobieren möchte, bestellt am besten Leckereien vom Brett, natürlich gehören auch Oliven dazu. Das täglich wechselnde Mittagsmenü offeriert Mahlzeiten, die nach Hausfrauen-Art gekocht wurden. Nur beste Qualität vom heimischen Markt kommt in den Topf.

Die Speisestube mit Dachterrasse ist schnell besetzt, man sollte früh dran sein oder reservieren. Der Service bietet Take-away an und das Lädchen alles Nötige für das persönliche Carepaket für die Heimreise – und den anschließenden Portugal-Blues.

Adresse Rua de Miguel Bombarda 416, 4050-379 Porto | ÖPNV Bus 302 Richtung Foz, Haltestelle Hospital de Santo António | Öffnungszeiten Mo–Sa 11–19 Uhr | Tipp Folgen Sie der Tram-Schiene, kommen Sie zur Carmo-Kirche mit der Fliesen-Fassade und dem Museum, dem sogenannten »Versteckten Haus« zwischen zwei Kirchen.

15 Die Casa do Infante

Des Prinzen Wiegestatt

In der Antike eine römische Villa, war das Gebäude später der Zufluchtsort des suebischen Königs Requiário, der anno 456 den Katholizismus von Braga nach Porto brachte. Der Turm-Palast, in dem das Königliche Zollhaus, die Münzprägefabrik und der vorübergehend improvisierte königliche Palast untergebracht waren, gilt als Wiegestatt des »Infante Dom Henrique«, der als Prinz Heinrich der Seefahrer Weltgeschichte schrieb.

Sein Vater João I., der uneheliche Sohn von König Pedro I. und dessen Geliebter Teresa Lourenço, bestieg nach der erfolgreichen Schlacht gegen Kastilien 1387 mit der Zustimmung seiner Untertanen den Thron, doch gegen den Willen einiger Getreuen rund um einen Offizier, der selbst auf das Zepter geschielt hatte. Um einem drohenden Konflikt auszuweichen, entschied das frisch gekrönte Oberhaupt, seine Geschäfte vorerst von Lissabon nach Porto zu verlegen, und nahm seine hochschwangere englische Angetraute Filipa de Lencastre mit auf den beschwerlichen Weg gen Norden.

Während Dom João I., der Begründer der Avis-Dynastie, die Kontrolle über Einfuhrzölle im Handelshafen von Porto übernahm und in königliche Kassen umleitete, wetterte der amtierende Bischof von Porto gegen den sogenannten Sündenfall des Bastards auf dem Thron. Der Bischof blieb jedoch ungehört, denn an des Königs Seite stand nicht nur die englische Krone, sondern die gesamte Ritterrunde aus England, was zur dauerhaften Allianz mit den Briten und zum Vertrag von Windsor, dem ältesten fortbestehenden Außenhandelsvertrag Portugals, führte.

Königin Filipa indessen kam mit dem fünften Kind nieder und gebar am 4. März 1394 einen Sohn namens Henrique, der 1415 von Porto zu seiner ersten Expansion nach Ceuta aufbrach und den Grundstein zur Neuvermessung der Welt legte. In der »Casa do Infante« wurde die Expansionsgeschichte Portugals interaktiv und pädagogisch wertvoll aufbereitet.

Adresse Rua da Alfândega 10, 4050-029 Porto | ÖPNV Bus 901 Richtung Valaderes, Haltestelle Ribeira, steile Rampe von der Haltestelle hinunter zum Douro, »Casa do Infante« linker Hand | Öffnungszeiten Di–So 10–17.30 Uhr | Tipp Gegenüber dem Museum befindet sich die Boutique »Portosigns 2«, ein Fachgeschäft mit Handwerkswaren »made in Portugal«. Von handgemachter Seife bis zur Korktasche bekommt man hier alles.

16 Der Circuito da Boavista

Im Pferdestärken-Rausch

Die Avenida de Boavista ist die längste Straße von Porto und führt vom Zentrum schnurgerade bis ans Meer. Die Stadtgrenze zwischen Porto und Matosinhos verläuft direkt an der Rotunde mit der Reiterstatuette von König João VI., dem einstigen Regenten des Vereinigten Königreichs von Portugal, Brasilien und den Algarven. Auf dem Bürgersteig am Meer sind Namensplaketten in den Boden eingelassen, denn hier startete und endete 1931 das erste Autorennen auf dem »Circuito da Boavista«.

Die Rennstrecke maß 4,5 Kilometer mit insgesamt 19 Kurven und später 7,5 Kilometer mit 23 Kehren – gegen den Uhrzeigersinn. Die Route verlief um den heutigen Stadtpark herum mitten durch Matosinhos, über die Avenida am Kreisverkehr mit der Königsstatue vorbei und lockte Hunderttausende Schaulustige an. Bei jedem Rennen war Porto bis zum letzten Bett ausgebucht, mit Motorsportfans aller Welt.

In den Jahren 1958 und 1960 fand sogar zweimal der Große Preis von Portugal hier statt. Unter den weltbekannten Meisterpiloten mischte sich auch die allererste Formel-1-Pilotin Maria Teresa de Filippis aus Italien. Gewonnen hat das erste Rennen Stirling Moss mit einem Vanwall, gefolgt von Formel-1-Weltmeister Mike Hawthorn im Ferrari. Ab 1960 wurde es jedoch still auf der Piste. Die Begeisterung für hochmotorige Pferdestärken meldete sich erst 2005 mit dem Grande Prémio Histórico zurück, bei dem Oldtimer-Formel-1-Rennwagen an den Start gingen.

Zum hohen Adrenalinspiegel der Zuschauer gesellte sich Nostalgie-Flair, etliche Alt-Piloten setzten sich erneut ans Steuer. Damit war 2015 leider Schluss, doch die Liebe zum Rennsport in Porto brachte die im Jahr 1968 initiierte Rallye Portugal in die Stadt, wo das Dreitagerennen im Mai 2023 zum 56. Mal ausgetragen wurde. Insgesamt 83 Piloten traten gegeneinander an, und bei der Siegerehrung am Ende stand der portugiesische Star-Pilot Armíndo Araújo auf dem Podest.

Adresse Rotunda de D. João VI, Praça de Gonçalves Zarco, 4100-274 Porto | ÖPNV Bus 200 Richtung Castelo Queijo, bis zur Endstation fahren | Tipp Direkt gegenüber liegt das Aquarium »Sea Life Porto«. Besuchen Sie auch das Museum »Pavilhão da Água«, das Wahrzeichen der Expo '98 in Lissabon, wo sich alles um Wasser und seine Bedeutung für die Menschheit und die Natur dreht.

17 Das Coliseu do Porto

Der Zirkus gehört uns

Die Fassade mit der modernistisch pompösen Linie trägt Cassiano Brancos Handschrift. Sie hob sich in den 40er Jahren des vergangenen Jahrhunderts optisch extrem von der gängigen Architektur ab. So markiert ein Betonturm, der weit über die Dächer der Oberstadt ragt, das Gebäude, das jeder Portuenser nur »unseren Zirkus« nennt. Die »Manege für alle« sollte Künstler aller Genres und Couleurs gleich behandeln. Die Eintrittskarten waren erschwinglich. Kulturelle Diversität plus Solidarität standen von Anfang an im Fokus.

Mitten im Zweiten Weltkrieg erbaut und im Jahr 1941 eingeweiht, treten seither Lokalmatadore und Weltstars aus allen Sparten von Operette bis Rock, von Fado bis Cante auf, sogar globale Modemarken mieten den futuristisch gestalteten Bühnensaal für die Zurschaustellung ihrer Haute Couture.

Im Jahr 1995 geriet der Zirkus in eine Krise und wurde dauerhaft geschlossen. Ein deutsches Versicherungsunternehmen als Mitinhaber der Immobilie wollte den Kulturtempel an eine brasilianische Kirchengemeinde verkaufen. Die Empörung über den drohenden Verlust war groß. Ihr folgte eine Protestaktion, die ihresgleichen suchte: Der Portuenser Jazzmusiker Pedro Abrunhosa solidarisierte sich mit weiteren bekannten Kulturgrößen sowie mit dem Verein »Amigos do Coliseu« und kettete sich, umringt von einer Bürger-Blockade, mit Handschellen an die Tür des Theaters. Aufnahmen des Protests wurden national und international ausgestrahlt. Der Deal kippte.

Ein halbes Jahr später zerstörte ein Großbrand einen Teil des Hauptsaals, der jedoch mittels öffentlicher und privater Gelder originalgetreu rekonstruiert wurde. Die Seele des Theaters habe sich jedoch leider im Laufe der Zeit verändert, lamentieren Theaterfans. Ihr Zirkus diene nun mit den erhöhten Eintrittspreisen nicht mehr wie früher angepriesen allen Bürgern. Trotzdem bleibt das »Coliseu« der Stolz aller Portuenser.

Adresse Rua de Passos Manuel 137, 4000-385 Porto, www.coliseu.pt | ÖPNV Bus 301, Haltestelle Santa Catarina, von dort bis zum FNAC, rechts abbiegen und etwa 150 Meter weiter | Öffnungszeiten Mo–Sa 13–20.30 Uhr, an Veranstaltungstagen entsprechend länger, Infos siehe Website | Tipp Am Passeio de São Lázaro befindet sich der Gartenpark »Jardim Marques de Oliveira« mit Skulpturen, einem Brunnen und einem Teich sowie die Städtische Bibliothek, die in der ehemaligen Königlichen Bibliothek im einstigen Kloster Santo António untergebracht ist.

18 Der Englische Friedhof

Mausoleum für britische Portwein-Dynasten

Eine Bestattung sei früher nur bei Ebbe möglich gewesen, erinnert sich die in Porto ansässige britische Diaspora an den ehemaligen protestantischen Friedhof am Südufer des Douro. Dort wurden die Verstorbenen ohne Grabstein metertief in Ufernähe begraben. Dank der Intervention des Konsuls John Whitehead teilte die Stadt der britischen Gemeinde 1788 jedoch ein Gelände zu, begrenzt von einer Mauer und parkähnlich bepflanzt. Wohlhabende britische Familien unterhalten hier monumental anmutende Totenhäuser aus Marmor und Granit, oft versehen mit romantischen Skulpturen. Der Initiator des Friedhofes ruht hier ebenso wie die Ahnen der Familien Moser, Burmester, Katzenstein und Forrester.

Der Friedhof ist ein Hort der Erinnerungen an die jahrhundertelange Präsenz der Briten in Porto, deren Einfluss in der urbanen und kommerziellen Struktur der Stadt bis in die Gegenwart spürbar geblieben ist. Die Namen erzählen aber auch persönliche Schicksale wie das von Baron Forrester.

Der Kaufmann und Winzer liebte Porto, noch mehr das Douro-Tal und am meisten den Fluss selbst. Dank seiner Kenntnisse entstand eine orografische Karte des Douro und seiner Strömung, die zu jeder Jahreszeit anders tückisch sein kann. Forrester, der vollkommen in die portugiesische Gemeinschaft integriert war, war selbst oft mit dem Boot auf dem Douro unterwegs. Er wusste über jede Biegung und jede Stromschnelle Bescheid.

So passierte er nach unerwartetem Starkregen an Bord einer Barke gerade die berüchtigte Flussenge »Cachão da Valeria«, als der rasch gestiegene Wasserpegel urplötzlich hinter einem Felsen in die Tiefe absank. Die Barke kenterte, alle Passagiere konnten sich retten – außer Forrester. Ausgerechnet ihn, der den Fluss besser kannte als die meisten heimischen Barken-Kapitäne, riss der Douro in den Tod. Seine Leiche wurde nie gefunden. Seine Grabstelle im Forrester-Mausoleum ist leer.

Adresse Largo da Maternidade de Júlio Dinis, 4050-371 Porto | ÖPNV Bus 200, 207, 302 Richtung Circular, Haltestelle Maternidade, der Rua da Boa Nova etwa 500 Meter folgen | Tipp Das Teehaus »Rota do Chá« in der Rua de Miguel Bombarda lädt mit Terrasse und vegetarischem Speiseangebot zur Einkehr ein.

19 Der Fado

Das Schicksal mit Gesang besänftigen

Fado? Das sind wir, sagen die Portugiesen, denn ein ganzes Volk besingt sein Schicksal. Niemand kennt es im Voraus, doch man muss es hinnehmen. Manchmal sind Portugiesen deswegen traurig oder wütend oder sogar sprachlos. Weil sie die Vorbestimmung nicht ändern können. Komme, was da wolle. Dann hoffen sie, dass es besser oder anders wird und beten um ein Zeichen, das sie aufrichtet. Das sie in ihrer Phantasie fortträgt an einen glücklicheren Ort. »Saudade« nennen sie diese allumfassende Sehnsucht, die sie tröstet, weil sie den Glauben an die Hoffnung nicht verlieren möchten. Diesen Glauben trägt ganz Portugal in sich. Er erfüllt die Seelen der Portugiesen mit Licht und Hoffnung. Beides rufen sie herbei, wann immer sie Fado singen.

Fado, Schicksal, Glaube und Hoffnung bilden ein spirituelles Quartett, das durch Gesang die wiederkehrende Melancholie besänftigt. Fado kann deswegen traurig klingen, muss es aber nicht. Er kann das Leben, den Tod, die Liebe, den Ärger auf den Nachbarn besingen. »Fadistas« können zum Tanzen und Lachen animieren, zum Aufstehen und Protestieren oder zum Mitweinen. Wovon sie singen, versteht jeder. Portugiesisch braucht man dazu nicht erst zu lernen, denn es ist das Herz, das zuhört, sobald eine »Fadista« den ersten Ton anstimmt, die Saiten der portugiesischen Zither-Gitarre dazu vibrieren und dem Publikum wohlige Schauer bescheren.

Der Fado wurde 1820 in Lissabon als Volksgesang mit Maria Severa geboren, in den 20er Jahren des vergangenen Jahrhunderts wurde er zur Avantgarde erhoben und durch die Musikikone und Fado-Diva Amália Rodrigues während Portugals Diktatur weltberühmt. Dieser aus der Poesie großer Dichter komponierte, einzigartige Gesang aus Portugal eroberte Musikliebhaber rund um den Globus.

Fado gehört seit 2011 zum Immateriellen UNESCO-Weltkulturerbe und ist in Porto täglich zu hören, zum Beispiel in der »Casa da Guitarra« bereits ab nachmittags.

Adresse Fado no Porto por Casa da Guitarra, Avenida Vímara Peres 49, 4000-061 Porto | ÖPNV Metro D Richtung Santo Ovídio, Haltestelle São Bento, Südausgang, der Straße bergauf an der Kathedrale vorbei geradeaus folgen, Fado-Haus kurz vor der Brücke rechts | Öffnungszeiten Mo–Sa 10–19.30 Uhr, So 16–19.30 Uhr, Online-Reservierung unter www.portofado.com | Tipp Genießen Sie den Ausblick auf Porto, Vila Nova de Gaia und den Douro von der Ponte Luís I aus 80 Meter Höhe. Laufen Sie darüber und erklimmen Sie dann den Aussichtspunkt am Kloster Serra do Pilar.

20 Die Fahrt auf dem Douro

Eine Minikreuzfahrt

Die Frage lautet nicht, *ob* man eine Bootstour auf dem Douro unternehmen will, sondern *welche*. Die etwa einstündige Sechs-Brücken-Tour kann man jederzeit buchen und schnell mal einschieben in das sonst noch geplante Erlebnisprogramm. Sie beginnt an der »Ribeira« in Porto, führt zunächst flussaufwärts bis zum Barockpalast »Freixo«, flussabwärts zur Ponte Arrábida mit Aussicht auf Afurada und die Mündung und danach zurück zum Anlegepier. Eine prima Alternative zum Hop-on/Hop-off-Bus.

Eine Exkursion bis Peso da Régua im Douro-Tal dauert mit Rückfahrt mit dem Zug einen ganzen Tag. An Bord geht es um 8 Uhr am Kai in Porto. Knapp sieben Stunden ist man auf dem Wasser. Frühstück und Mittagessen sind im Fahrpreis inkludiert. Via Lautsprecher erfährt man viel Interessantes über die markanten Orte am Ufer. Dazu gehören Geschichten von Rabelo-Kapitänen, die Portweinfässer auf Holzbarken auf dem Douro bis nach Vila Nova de Gaia transportiert haben. Anstrengend und gefährlich war das, die Strömung stark und das Unterwasser zerklüftet und felsig.

Heutzutage gleiten die Schiffe sanft durch den längsten Strom der Iberischen Halbinsel, was den Staustufen zu verdanken ist, die das wilde Wasser des Douro zwischen der Grenze zu Spanien und Porto drosseln. Zwei von den insgesamt fünf Staustufen durchfährt man. Die erste hebt das Schiff 14 Meter, die zweite namens »Barragem do Carrapatelo« überbrückt sagenhafte 37 Meter Pegelunterschied. Bald klettern die Ufer immer höher. Ab Mesão Frio dominieren Weinberge das Tal. Mittendrin thronen prächtige Landgüter, die »Quintas«, wo die Trauben für den Portwein wachsen. Jede einzelne der Terrassen am Hang wurde einst von Hand angelegt. Die Steinmenge von drei Gizeh-Pyramiden sei nötig gewesen, heißt es, um dieses unvergleichliche Weinparadies zu erschaffen. Grund genug für die UNESCO, das Douro-Tal 2001 zum Weltkulturerbe zu erheben – und für einen Ausflug dorthin.

Adresse Anlegepier am Cais da Estiva, 4050-163 Porto | ÖPNV Bus 901 Richtung Valaderes, Haltestelle Ribeira, Rampe gegenüber direkt zum Kai | Tipp Besuchen Sie in Peso da Régua das Douro-Museum und erfahren Sie alles über die Entwicklung der Region *Trás-os-Montes*. Am Bahnhof bieten »Quintas« Weinproben mit Tapas an.

21 Die Farmácia Islâmica

Die Kunst des Heilens

Im Apothekermuseum begegnet man den verschiedensten Artefakten aus der Gesundheitslehre und erfährt viel über die Herkunft, Herstellung und Anwendung von Heilmitteln der Inkas, aus China, Tibet, Japan und aus dem Orient. Besonders spannend hierbei ist, wie der Kranke früher gesehen wurde. Die Heiler und Apotheker der Antike und des Mittelalters nutzten bei ihrer Arbeit nicht nur Arzneien, sondern gezielt auch Mittel zur Wiederherstellung des seelischen Gleichgewichts des Patienten. Wie das funktioniert hat, erfährt man in der Schatzkammer der »Islamischen Apotheke«, die seit 2015 in das Museum integriert ist.

Original nachgebildet, stammt diese mit vergoldetem Stuck ausgekleidete, mit Arabesken und polychromer Wandmalerei verzierte Pharmazie aus einem Palast in Damaskus. Sie wurde nach dem Vorbild der Apotheken von Bagdad eingerichtet, denn in der islamischen Welt ist es Usus, dass wohlhabende Familien eine hauseigene Apotheke betreiben, die nicht nur der Familie dient, sondern dem gesamten Viertel.

Im Islam hilft der Apotheker jedem, unabhängig von seinem Status oder seiner Konfession. Im »Zimmer der Gesundheitslehre« treffen sich deswegen Mediziner und Pharmazeuten regelmäßig auch mit Künstlern und besprechen mögliche Synergien zwischen Pharmazie und Seelenheil. Als Ort der Forschung und des Austauschs zwecks holistischer Weiterentwicklung der Heilkunde gilt die »Farmácia Islâmica« auch als Ausbildungsort für Apotheker.

Definiert wurde der ganzheitliche Kodex der Heilkunst im 9. Jahrhundert von einem islamisch geprägten Sufi-Meister namens Abd al-Qādir al-Dschīlānī. Zum Gedenken an ihn wurde sein Name als Inschrift in die Decke der Apotheke eingelassen, er ist aber erst lesbar, wenn man in einen der vielen kleinen in den Raum versenkten Spiegel blickt, die der vergoldeten Apotheke durch ihr Lichtspiel etwas geradezu Magisches verleihen.

Adresse Museu da Farmácia Porto, Rua Engenheiro Ferreira Dias 728, 4100-246 Porto | ÖPNV Bus 206, 503, Metro A, B, C, E, F Richtung Airport, Haltestelle Via Rápida/Viso, Museum etwa 400 Meter geradeaus im Gewerbegebiet | Öffnungszeiten Mo–Fr 10–18 Uhr, Sa 10–13 und 14–18 Uhr | Tipp Im Museum ist die Original-Einrichtung der »Farmácia Estácio« von 1924 aus der Rua de Sá da Bandeira ausgestellt. In direkter Nachbarschaft des Museums lädt der Trampolinpark zu einer Runde Jump-Spaß ein.

22 Der FC Porto

Die Drachen-Arena

Das »Estádio do Dragão« ist mehr als nur eine Fußballstätte. Es ist ein Wallfahrtsort. Man pilgert dorthin, weil der FC Porto zu den erfolgreichsten Clubs der Welt zählt. Der 1893 gegründete Verein mit dem Stadtwappen Portos und dem Nationalwappen im Wimpel schrieb Fußballgeschichte. Das erste Spiel unter der Schirmherrschaft von König Carlos I. gegen den FC Lisbonense hat der FC Porto anno 1894 verloren. Das eben erst entfachte Fußballfieber in Porto erlosch, doch 1906 entflammte es erneut und besteht seither durchgehend.

Die Elf in Blau-Weiß legte seitdem einen 100-jährigen Titel-Spurt hin, der 1922 mit dem ersten von vier Meisterschaftstiteln begann. Gegen Arsenal ging Porto mit 3:2 als Meister hervor, die Elf wurde »Beste Mannschaft 1948«, und den 250 Kilogramm schweren und 3 Meter hohen, von Portuensern aus einer öffentlichen Kollekte gestifteten Pokal konnte der FC Porto für sich einheimsen. Das 1952 eröffnete Fußballstadion »Estádio das Antas« war ein halbes Jahrhundert die Fußballbühne im gleichnamigen Stadtteil, bis der Club in das heutige, über 50.000 Zuschauer fassende Stadion »Dragão Arena« in Contumil umzog. Vom Architekten Manuel Salgado konzipiert, wurde die imposante Sport- und Begegnungsstätte mit einem Freundschaftsspiel gegen Barcelona im Jahr 2003 eingeweiht.

Stolz sind die Fans auf ihren Verein, denn es gibt keinen Pokal, den der FC Porto bislang nicht gewonnen hätte: Zweimal UEFA Champions League und Europacup, 23 Superpokale und etliche weitere nationale und internationale Trophäen zählen zu den insgesamt 83 Titelsiegen des Vereins. Symbolisch bleibt der Fußballwelt jedoch das Jahr 1999 in Erinnerung, als der FC Porto zum fünften Mal in Folge Meister wurde und der allseits angehimmelte Trainer Fernando Santos von seiner Elf, den Fans und der Presse zum »Engenheiro do Penta« gekrönt wurde – zum »Ingenieur des portugiesischen Erfolgs«.

Adresse Estádio do Dragão, Via Futebol Clube do Porto, Entrada Nascente, Porta 15, Piso 3, 4350-415 Porto | ÖPNV Bus 801, Haltestelle Estádio do Dragão, 4 Minuten Fußweg | Öffnungszeiten geführter Stadionrundgang: Mo 15, 16, 17 Uhr, Di–So 11–17 Uhr stündlich; Museum: Mo 14.30–19 und Di–So 10–19 Uhr | Tipp Besuchen Sie das Museum des FC Porto, das »Dragão-Shoppingcenter« und den nahe gelegenen »Parque de São Roque« mit Labyrinth-Garten.

23 Fernando de Castro

Der Exzentriker

Eines ist sicher: Nach dem geführten Rundgang durch das einstige Wohnhaus des auch als politischer Poet bekannten Kaufmanns Fernando de Castro schwirren einem alle fünf Sinne. Ist das Haus nun ein Museum, eine Schatztruhe oder einfach das Heim eines leidenschaftlichen Kunstsammlers mit einem ausgeprägten Glaubenskodex? Von außen schlicht, wirkt es innen wie das Heiligtum eines Exzentrikers, dessen Sammelfreude zur Obsession wurde und dessen Liebe zur Kunst – vor allem der Sakralkunst – keinen einzigen Quadratzentimeter der Räumlichkeiten frei ließ.

Im Angesicht der omnipräsenten Goldblattkunst an Wänden, Decken, Türen und Treppengeländer wandelt man von Zimmer zu Zimmer und pendelt emotional zwischen Befremdetsein und Faszination. Landschaftsbilder portugiesischer Maler zieren die Wände, eingefasst in barocke Monsterrahmen mit Goldüberzug. Im chinesischen Zimmer gesellen sich orientalische Kunstgegenstände dazu. In der »Sala do Minho« entdeckt man Werke mit Bezug zur gleichnamigen Region. Im Zimmer für Karikaturen befinden sich vor allem humoristisch karikierte Porträts der damaligen Intellektuellen, im Speisezimmer dominieren Stillleben. Im eleganten Gelben Salon wartet ein »Petit Versailles« auf die Besucher. Lose angeordnete Chaiselongues mit Kissenbergen und mit Samt bespannte Scherenstühle laden unter einer wuchtigen, mit Schnitzkunst und Blattgold gestalteten Decke, eingerahmt von wandfüllenden Spiegelflächen, zum gemütlichen Nachmittagsplausch ein. Fast erwartet man, zur Audienz gerufen zu werden.

Spätestens jetzt mag man sich fragen, ob der Prunk wenigstens vor der Schlafzimmertür haltmacht. Nein! Die unnachahmliche, wie eine Halluzination anmutende Einrichtung findet im Schlafgemach ihren Höhepunkt als inszeniertes intimes Heiligtum des Hausherrn, der 1949 starb – mit Predigerempore und Ikonen, die den Schlafenden symbolisch umarmen.

Adresse Rua de Costa Cabral 716, 4200-211 Porto | ÖPNV Metro D, Haltestelle Combatentes, von dort ca. 300 Meter zu Fuß | Öffnungszeiten Di–Fr 10–17 Uhr, für eine geführte Tour bitte rechtzeitig per E-Mail an cmfc@mnsr.dgpc.pt anmelden | Tipp Eine Metrostation entfernt, erreicht man den Stadtpark »Jardim do Marquês de Pombal«, wo sich einst eine von zwei Stierkampfarenen in Porto befand.

24 Das Filmtheater Trindade

Bingo im Kino

Das Filmtheater Trindade am gleichnamigen Stadtgarten wurde 1913 eröffnet. Eintritt gewährt ein Portal unter einer meisterhaft gestalteten Jugendstil-Fassade aus Glas. Über eine geschwungene Freitreppe gelangt man in das untere Stockwerk. Das diente früher als Festsaal für den Tanztee, die Galerie wurde als Café und Bar mit Billardsaal genutzt, und auf der Terrasse wurde das Open-Air-Kino installiert. Im ersten Stock befand sich der Filmvorführsaal mit 1.200 Sitzplätzen, er machte das Filmtheater zur ersten Adresse für Kinogänger. Das Besondere war von jeher der bewegliche Filmprojektor, den man um 180 Grad drehen konnte, um entweder den Saal oder die Terrasse zu bespielen.

Während der Diktatur liefen lediglich von der Zensurbehörde zugelassene Streifen oder Propaganda-Filme. Sogenannte Skandalfilme, gar politisch motivierte, sozialkritische Streifen, konnten erst nach der Revolution 1974 das Programm füllen. Dauernd wechselten die Betreiber.

In den 1980er Jahren wurde das Kino in zwei Säle geteilt und modernisiert. Kurz darauf geriet es durch das Privatfernsehen aus der Mode, das Filmtheater musste schließen. Aus der verspiegelten Festhalle wurde eine Bingo-Halle nach amerikanischem Vorbild. Filmvorführungen fanden bloß noch sporadisch statt, zum Beispiel zur »IndiePorto« oder zum Filmfestival der »ungehorsamen« Produzenten »Desobedoc«.

Bingo für alle, lautet jetzt das Geschäftsmodell. Der Salon bietet Spielspaß für einen Euro pro Los und wird im Winter von Einheimischen und im Sommer von Touristen aus aller Welt frequentiert.

Américo Santos, der Gründer von Nitrates-Film, erweckte die im 1980er-Jahre-Look gestaltete Kinoetage 2017 zu neuem Leben. Seither werden wieder täglich ausgesuchte Streifen großer Filmstudios sowie unabhängige Filme gezeigt. Eine prima Alternative für Film-Fans, die sich abseits des sonst üblichen Actionkino-Mainstreams bewegen.

Adresse Bingo da Trindade, Rua do Dr. Ricardo Jorge 52, 4050-514 Porto | ÖPNV Metro D, Haltestelle Avenida dos Aliados, am Rathaus links in die Rua do Dr. Ricardo Jorge abbiegen, Bingo-Halle 150 Meter weiter rechts | Öffnungszeiten täglich 14.30–2.30 Uhr | Tipp Die Querstraße Rua do Almada lockt mit Designer- und Fachgeschäften, Künstlerateliers, Boutiquen, Cafés und Kneipen.

25 Der Fisch-Waggon

Bitte ohne Geruchsbelästigung

Die Straßenbahnlinie 1 war früher zwischen der Altstadt von Porto und Matosinhos unterwegs. Fabrikarbeiter, Büroangestellte, Schüler, Studenten und die Frauen aus dem Fischerdorf Afurada nutzten sie für sich – und für ihre Fischkörbe. Sie setzten im Morgengrauen über den Douro über und nahmen dann die »Eléctrico« nach Matosinhos zum Fischmarkt. Den dort gekauften Fisch trugen sie in einem flachen Bastkorb, dem »Canastra«, mit einem nassen Tuch als Fliegenschutz auf dem Kopf zurück zur Haltestelle, fuhren mit der Tram von Matosinhos bis Ribeira und in andere Stadtviertel, um den Fisch zu verkaufen.

In die Bahn durften die Frauen ihre »Canastras« wegen der Geruchsbelästigung nicht mitnehmen. Die Fischkörbe reisten deswegen mit eigener Fahrkarte in extra dafür vorgesehenen Regalen auf einem angehängten Waggon mit. Der war allerdings offen zugänglich. So geschah es, dass flinke Buben den frischen Fisch während der Fahrt direkt aus den Körben mopsten. Die erzürnten Verkäuferinnen, die »Varinas«, beschuldigten einander gegenseitig des Diebstahls, manchmal kam es sogar zu Handgreiflichkeiten, weswegen Portugiesen ein lautes Durcheinander scherzhaft »caldeirada«, was »Fischeintopf« bedeutet, nennen.

Mit der Stilllegung der Linie bis Matosinhos verschwanden die »Varinas« allmählich aus dem alltäglichen Stadtbild, der ambulante Fischverkauf wurde abgeschafft.

Die Schienen der Linie 1 wurden 2001 nach der Ernennung Portos zur Europäischen Kulturhauptstadt neu verlegt. Als Hommage an den Entdecker-Prinzen, dessen Denkmal im Park an der Endstation São Francisco steht und dessen Zeigefinger Richtung Südosten zeigt, wurde die erste Haltestelle »Infante« genannt. Sein Ziel hieß Indien. Die Bahn fährt heute nur bis Foz, zum Tor zur Welt, doch die Stadtväter versuchen, die Strecke bis Matosinhos zu reaktivieren. Möge es ihnen gelingen und die »Eléctrico« wieder gen Zukunft rollen.

Adresse Haltestelle Infante, Rua Nova da Alfândega, 4050-253 Porto | ÖPNV Tram 1 | Öffnungszeiten Farhplan: täglich 9–19 Uhr im 20-Minuten-Takt | Tipp Steigen Sie an der Haltestelle Alfândega aus und streifen Sie durch das Flussviertel Miragaia zur Petruskirche und zur ganz in der Nähe liegenden Hausmauer mit der Porträtkunst von Vhils.

26 Die Fliesenkunst

Von mittelalterlich bis abstrakt

Porto ist ein Freiluftmuseum für Portugals Fliesenkunst »Azulejaria«, deren Motive die Stadt in verschiedenen kunsthistorischen Stilrichtungen schmücken. Die Kunst der glasierten Wandkacheln reicht zurück bis in die maurische Hochkultur, wusste man damals doch schon, mit Fliesen und Stuck wahre Meisterwerke zu erschaffen. Das Glasier-Handwerk hat sich zur hohen Kunst entwickelt. Während man zuerst bloß geometrische Muster auf Keramik bannte, entstanden ab dem 16. Jahrhundert ganze Gemälde, die heute noch Kirchen und Palastwände verzieren, innen und außen Fassaden bedecken und Portos historische Gebäude mit Heldenszenen, biblischen Bildern und Porträts legendärer Persönlichkeiten in echte Kunstschätze verwandeln.

Doch nicht nur öffentliche Gebäude erstrahlen, als wären ihre mit Azulejos gestalteten Wände aus Porzellan. Auch Wohnhäuser, Geschäftshäuser, Plätze, Tunnels und U-Bahn-Stationen wurden mit quadratischen Fayencen ausgestattet. Unterschieden werden drei Arten: »Hispano-Mourisco«, reliefartig gestaltete Azulejos mit geometrischen Mustern, »Padrão«, solche mit wiederkehrenden Deko-Elementen, und »Pombalinos«, bei welchen Fliese für Fliese wie ein Puzzle zum Gemälde zusammengesetzt wird.

Heutzutage bedienen sich die Künstler aller drei Methoden, arbeiten plastisch, wie an etlichen Hausfassaden erkennbar, oder gar abstrakt.

Die umschwärmte Installations-Künstlerin Joana Vasconcelos ist weltbekannt für ihre teilweise provokanten Werke, wie zum Beispiel den Lüster aus Damentampons im Louvre, außerdem ist sie äußerst gefragt bei französischen Haute-Couture-Marken, für die sie die Laufsteg-Präsentationen neuester Kollektionen gestaltet. In Porto hat sie für eine Steakhaus-Kette eine ganze Hausseite mit Azulejos in grellen Farben und abstrakten Formen designt. Ein Paradigma für zeitgenössische Azulejo-Kultur, angewandt mit 1.000-jährigem Handwerkswissen in zeitgenössischer Manier.

Adresse Painel de Azulejos Joana Vasconcelos, Largo do Moinho de Vento, 4050-526 Porto, www.azulejosporto.pt/map | ÖPNV Bus 300 Richtung Cordoaria, Haltestelle Guilherme Gomes Fernandes, links in die Straße Praça Guilherme Gomes Fernandes abbiegen, etwa 200 Meter geradeaus, Azulejo-Wandgalerie links an dem kleinen Platz | Tipp An der Vorderfront der »Igreja Massarelos« prangt ein Fliesenbild von Heinrich dem Seefahrer, an der »Igreja de Santo António« sind Szenen aus dem Leben des heiliggesprochenen Predigers zu sehen.

27 Die Francesinha

Ein Fünfeck-Toast

Ein pikantes Sandwich wollte der Erfinder des wohl bekanntesten Toasts Portugals auf den Tisch bringen. Daniel David Silva, der einst nach Frankreich ausgewandert war, kochte nach seiner Rückkehr nach Porto etliche Jahre in dem seit Generationen von der Familie Passos geführten Traditionslokal »Regaleira« und kreierte eine für Porto einmalig schmackhafte Novität: die »Francesinha«, deren Name übersetzt »kleine Französin« bedeutet. Er spielte damit auf die attraktiven Mesdames auf den Champs Élysées in Paris an. Das fünfeckige Sandwich sorgte im »Regaleira« vom ersten Tag an für lukullische Furore und tut es noch immer, seit 1952.

Da es im Prinzip einfach zuzubereiten sei, habe es nicht lange gedauert, bis die »Francesinha à la Regaleira« auf vielen Speisekarten der Stadt angeboten wurde, doch gebe es große Unterschiede, was den Geschmack und die Qualität angeht, bekräftigt der Wirt.

Die Lieferanten des »Regaleira« sind seit der Eröffnung dieselben. Die Würste und das Fleisch kommen aus der »Salsicharia Leandro« vom Mercado do Bolhão. Der »Fünfeck-Toast« wird in der Backstube »Infante Santo« im Holzofen gebacken und das Fleisch im Toast über der Holzkohle gar gegrillt. Die Soße enthält ausschließlich authentische Zutaten der Portuenser Küche und wird seit über 70 Jahren nach Art des Hauses gekocht. Die pikante Note beschert früher wie heute eine Pfefferschote von einem Züchter aus Mesão Frio im Douro-Tal. Wichtig sind die frittierten, in dicke Scheiben geschnittenen Kartoffeln, die im delikaten Soßenbad mitschwimmen und den aromatischen Sud aufsaugen, bevor das kulinarische Kunstwerk mit einer Käsehaube garniert und zum Schluss gratiniert wird. Vor dem Servieren wird dem Ganzen noch ein Spiegelei aufgesetzt.

Im »Regaleira« wird bis heute nur die originale »Francesinha« serviert, und die rangiert unter den Top-Ten-Toasts der Welt auf jeden Fall ganz oben.

Adresse Restaurante Regaleira, Rua do Bonjardim 83, 4000-125 Porto | ÖPNV Metro D, Haltestelle São Bento, Nordausgang, der Rua de Sá da Bandeira bis zum Café »A Brasileira« folgen, dort links in die Nebenstraße, 100 Meter weiter auf der linken Seite | Öffnungszeiten Di–Sa 12–15 und 19–22 Uhr, So 12–15 Uhr | Tipp Im Arkadengang der Millennium Bank an der Praça de Dom João I sind römisch inspirierte Sagenfiguren in einer Mosaik-Galerie zu sehen.

28 Die Franziskanerkirche

Ein Mausoleum im Keller

Der wohltätige Franziskanerorden ließ sich im 13. Jahrhundert in Porto nieder, um auch hier die franziskanischen Tugenden in einem schlichten gotischen Gotteshaus zu predigen. Die Brüder speisten Arme, pflegten Kranke und kümmerten sich um Alte und Waisen. Im Bestreben, die Menschheit zum christlichen Glauben zu bekehren, gelangten die Franziskaner mit den Seefahrern sogar in das heutige Marokko. Willkommen waren sie bei den Muslimen zwar nicht gerade, feindlich angesehen wurden sie zunächst aber auch nicht. Als die Predigten der Franziskaner jedoch lauter wurden und die Kritik am Islam zunahm, fühlte man sich brüskiert – und ließ die Ordensbrüder köpfen.

Später vom Papst als Märtyrer heiliggesprochen, stehen die Ikonen der hingerichteten Gottesmänner heute in der Seitenkapelle der Märtyrer. Unprätentiös, wie für ein Puppentheater inszeniert. Dasselbe Bild zeigt weiter oben ein anderes Hinrichtungsritual. Dort ist zu sehen, wie Franziskaner 400 Jahre später in Japan als Antwort auf den dort unerwünschten Missionsversuch seitens des Ordens nach sogenannter »christlicher« Manier gekreuzigt wurden.

Die Kapelle ist im unteren Teil spätgotisch geprägt, der obere Teil hingegen ist üppig barock. Die Ikonen unten sind aus Holz und bemalt, die oberen vergoldet und von barocken Insignien und Symbolen umrahmt, die die Mission verherrlichen. Die gesamte Ikonografie mitsamt dem Glanz des Goldes sollte die Betrachter emotional aufrütteln und ganz und gar in ihren Bann ziehen. Das Fußvolk kniete im Angesicht der paradiesischen Leuchtkraft demütig und ehrfürchtig davor nieder, die Aristokratie ebenso.

Viele Adelige ließen die Kirche einst mit ihrem Geld und Gold bis hinauf in die Gewölbedecken kostbar ausstatten. Zum Dank für ihre Spendierfreudigkeit ruhen ihre sterblichen Überreste im Untergeschoss, in Familienkapellen in Portugals größtem unterirdischen Mausoleum – garantiert mit Grusel-Effekt.

emons:
Entdecken fängt zu Hause an
111 Dinge über Hühner die man wissen muss
111 Dinge über Hunde die man wissen muss
111 Dinge über Katzen die man wissen muss
111 Reptilien die täglich unsere Welt verbessern
111 Amphibien die täglich unsere Welt verbessern
111 Dinge über Elefanten die man wissen muss
111 Dinge über Kamele die man wissen muss
111 Dinge über Schweine die man wissen muss
111 Dinge über Affen die man wissen muss
111 Insekten die täglich unsere Welt retten

Adresse Igreja de São Francisco, Rua do Infante Dom Henrique, 4050-297 Porto | ÖPNV Bus 906 Richtung Madalena, Haltestelle Ribeira, von dort der Rua do Infante Dom Henrique etwa 120 Meter bis zur Kirche folgen | Öffnungszeiten Winter 9–18 Uhr, Frühling und Herbst 9–19 Uhr, Sommer 9–20 Uhr | Tipp Im zweiten Untergeschoss des Katakomben-Kellers stoßen Sie auf die ältesten Grablegen der Bischöfe von Porto sowie auf die Knochenhöhle, in der die Gebeine der verstorbenen Ordensleute ruhen. Besuchen Sie auch die neue Kirche mit der Sakristei und dem Museum für sakrale Kunst.

29 Der Funicular

Der Luftkissenaufzug

Der erste Kettenaufzug an dieser 45-Grad-Steigung zwischen dem Douro-Ufer und dem höher gelegenen Stadtteil Batalha wurde von Eiffel-Schüler Raoul Mesnier entworfen und gebaut, der auch für den legendären Aufzug »Santa Justa« in Lissabon verantwortlich zeichnet. Zwei Schienen und zwei Waggons zirkulierten an der steilen Stelle, bis sich im Juni 1893 ein schrecklicher Unfall ereignete: Im Leerlauf raste ein Waggon ungebremst den Hang hinab und sorgte für etliche Tote und Verletzte. Tatsächlich sind zwei Besatzungsmitglieder und sechs Passagiere mit einem Riesenschreck und Blessuren davongekommen, nachdem das Brückengeländer den Waggon vor dem Absturz in den Douro bewahrt hatte.

Danach stand der Aufzug ein ganzes Jahrhundert lang still. Bis die Stadtväter im Rahmen der Ernennung Portos zur Kulturhauptstadt Europas im Jahr 2001 zu dem Entschluss gelangten, den Aufzug zu reaktivieren.

Der Portuenser Architekt Adalberto Dias nahm die Herausforderung an. Am oberen Einstieg führt eine Treppe von der Endstation der Tram-Linie 22 hinab zur unterirdischen Station am Berg. Die unbemannten Gondeln, die mit Wasserdampf angetrieben und durch Gewichte gebremst werden, schweben auf einem Luftkissen über eine Schiene auf Stelzen steil abwärts. Mit Bedacht, damit man den atemberaubenden Ausblick durch die Panoramascheiben auf die Fernandina-Mauer und den Douro mit der Ponte Dom Luís I genießen kann. Drei Minuten dauert die leise Fahrt.

Drei Jahre wurde unter Berücksichtigung der geologisch schwierigen Bedingungen insgesamt gebaut. Seit 2004 ist das Vehikel nun in Betrieb und durch seine Originalität längst zum modernen Wahrzeichen Portos aufgestiegen. Die Standseilbahn gilt außerdem als Symbol für den Esprit visionärer Ingenieure. Dort, wo man heute unten aussteigt, stand früher das Kassenhäuschen, an dem man die Gebühr zur Brückenüberquerung bezahlen musste.

Adresse Funicular de Guindais/Teleférico de montanha, Rua da Ribeira Negra 314, 4000-509 Porto | ÖPNV Tram 22 bis Endstation Batalha, dort umsteigen in die Berg-Station Estação do Monte | Öffnungszeiten werktags 8–20 Uhr, im Sommer 8–22 Uhr, am Wochenende 8–22 Uhr, im Sommer 8–24 Uhr | Tipp Vor dem Tunnel am Fluss führt links eine Treppe zum Fahrstuhl »Elevador da Ribeira«, von wo aus man über eine Treppengasse im Zickzackkurs weiter aufwärts den Platz vor der Kathedrale erreicht. Ein Stopp in der Kapelle »Nossa Senhora das Verdades« lohnt sich.

30 Für Agustina

Ein extravagantes Porträt

»Porto ist kein Ort, sondern eine Sentimentalität«, schrieb die große Dame der feministischen Literatur, Agustina Bessa-Luís, in ihren Memoiren über ihre Wahlheimatstadt. Ihre Worte hallen aus dem Reich der toten Dichter und begegnen dem Reisenden in 13 Szenen aus Bessa-Luís' Lebenswerk, die auf 120 Metern an der Grundstücksmauer des Institutes für regionale Entwicklung und Bewahrung der Lokalidentität angebracht sind, mitinitiiert und -gestaltet von Agustinas Tochter Mónica Baldaque.

Als Erinnerung an den 100. Geburtstag der bedeutenden Literatin und gleichzeitig als Ehrerbietung an die Literatur Portugals, trägt das »Mauerwerk« Pinselstriche von 13 Künstlerinnen und Künstlern, die Agustinas Romanfiguren wiederauferstehen lassen. Allen voran »Sybille«, die Frau, die stets für ihr Dasein als Frau kämpft, die durch Epochen wandelt und der Gesellschaft einen Spiegel vorhält.

Porto erinnert überall an literarisch Begabte, deren Namen in Stein graviert sind, auf Azulejo-Fliesen, als Büsten oder in Form von Reliefs, an Hauswänden, am Meer, in Parks oder in den Straßen verewigt sind. Die Stadt, die alle Literaten und Dichter Portugals nachhaltig inspiriert hat, atmet Poesie ein und Prosa aus. Das romantische, das liberale, das kritische Wort wurde in Porto geboren. Die älteste Literaturzeitschrift Portugals wurde 1761 in Porto herausgegeben, ihr folgten etliche Blätter, und einige davon bestehen bis heute. Das Pressemuseum in Freixo hortet insgesamt 240 verschiedene Ausgaben aus Portos Zeitungswelt rund um die Themen Literatur und Dichtung.

Um literarische Spuren ging es 2018 auch bei der Straßenbenennung der ersten Siedlung mit Energiesparstandard A+. Der Bürgermeister wollte Plaketten mit Straßennamen von Literaten anbringen, der Stadtplaner wie früher einfach durchnummerieren. Man einigte sich auf den Namen plus die Nummer. Mauerwerke und poetische Stolpersteine einstiger Dichterwürde.

Adresse Instituto CCDR-N, Via Panorâmica, Rua do Campo Alegre 365, 4150-178 Porto | ÖPNV Bus 200 Richtung Praça da Cidade do Salvador, Haltestelle Junta de Freguesia de Massarelos, auf der linken Straßenseite der Mauer bis zur Ecke an der Ampel folgen | Tipp In der öffentlichen Bibliothek der »Faculdade de Letras de Universidade do Porto« lernt man Portugals Literaturwelt besser kennen und genießt einen unübertroffenen Ausblick auf den Douro. Von dort führt die Strecke über enge Gassen und Treppen hinab und vorbei am Brunnen »Fonte D. Pedro V« mitten hinein in das historische Arbeiterviertel Massarelos.

31 Die Galeria Ap'Arte

O Franchini und die Kunst

Wer die Rua de Miguel Bombarda nicht kennt, hat ein großes Stück von Portos magischem Flair verpasst. Sagt wer? Sagen alle, die dort ihr Gewerbe betreiben. Was sie eint, ist die Hingabe zur Kunst. Im Lichtkegel des ersten Nationalmuseums für Kunst mit angeschlossener Städtischer Galerie, dem Museu Nacional de Soares dos Reis, hat sich das Viertel bereits in den 1970er Jahren zu einer blühenden Subkultur für Künstler gemausert. Wohlgemerkt noch inmitten eines politischen Klimas, in dem der Beruf Künstler verrufen war und Kunst von der staatlichen Zensurbehörde kritisch beäugt, oft gar verboten wurde.

Das daraus entstandene Gemeinschaftsgefühl besteht noch immer in der Szene fort, es ist der Funken Magie, den der Künstler António Franchini meint, wenn er von *seiner* »Bombarda« schwärmt.

Aufgewachsen vor der Nelkenrevolution, kam ein Studium an der Akademie der Bildenden Künste für ihn nicht in Frage. Das elterliche Diktat wollte von seinem innigen Berufswunsch nichts wissen, er studierte Wirtschaft und stand etliche Jahre einem international agierenden Bankinstitut leitend vor. Erst der Tod des Vaters sowie ein Verkehrsunfall sorgten für eine Wende in seinem Leben. »Kunst verändert dich permanent«, sagt die illustre Persönlichkeit, denn längst ist sein Name ein Begriff in der hiesigen und auch in der internationalen Kunstwelt.

António Franchini agiert als Maler, engagiert sich für Nachwuchsprojekte zeitgenössischer Kunst in Kooperation mit renommierten Kuratoren, Universitäten und Galeristen. Mit drei Freunden betreibt er die »Galeria Ap'Arte«, die sich als Hort für moderne Kunst abseits des Mainstreams versteht und junge talentierte Künstler fördert. Das eigenständige Kreieren habe ihm ein neues Innenleben beschert, sagt er, deswegen unterstützt er Künstler und ihre Ausstellungen, wo er kann, als Akteur oder organisatorisch. Als »O Franchini« ist er stadtbekannt.

Adresse Rua de Miguel Bombarda 221, 4050-381 Porto, www.apartegaleria.com | ÖPNV Bus 300, Haltestelle Miguel Bombarda, der Straße bis zur Hausnummer 221 folgen | Öffnungszeiten Di–Sa 11–14 und 14.30–19 Uhr | Tipp Im Restaurant »A Oficina« essen Sie bei Portos derzeit angesagtestem Chef Marco Gomes in einem mit Franchini-Werken dekorierten Speisesaal.

32 Das Haus des Mestre

Der Cineast Manoel de Oliveira

Bereits zu seinen Lebzeiten war Portugals berühmter Cineast Manoel de Oliveira eine Legende. Der mit 106 Jahren verstorbene Meisterregisseur arbeitete über 86 Jahre am Set, dabei war er ursprünglich Sportler. Erst Weltklasse-Stabhochspringer, dann Rennfahrer, anschließend selbst Schauspieler. Als Akteur spielte er 1929 in dem Stummfilm »Das Wunder von Fátima« sowie in dem von Ângelo Cottinelli Telmo 1933 gedrehten zweiten Tonfilm Portugals »Das Lied von Lissabon« mit. Seitdem reizte ihn das Filmemachen.

Sein erster Kurzfilm über den kräftezehrenden Alltag der Schlepper am Ufer des Douro brachte ihm internationale Aufmerksamkeit und viele wohlwollende Kritiken ein. Den Schnitt hat er nach eigenen Angaben ohne große Vorkenntnisse in seiner Garage auf dem Billardtisch vorgenommen.

In seiner Anfangszeit als Regisseur beschäftigte sich der Jahrhundertcineast, der erst Stummfilme in Schwarz-Weiß, später Tonfilme in Farbe drehte und die gesamte Entwicklung vom Nitrat-Schmalspurfilm bis zur digitalen Produktion miterlebt hat, mit den Alltagsproblemen der Menschen an Portugals Küste. Danach folgten Spielfilme. Von seinen insgesamt 62 Produktionen wurden 40 mit internationalen Auszeichnungen prämiert. Unter anderem heimste er zwei Preise auf der Berlinale und fünf bei den Filmfestspielen in Cannes ein.

Oliveira drehte mit nationalen und internationalen Filmgrößen, darunter Catherine Deneuve, John Malkovich oder Leonor Silveira, die bei »Die Reise nach Bombay« die Hauptrolle spielte. Für »Der seidene Schuh«, »Francisca«, und »Amor de Perdição« erhielt Oliveira 1985 den Goldenen Löwen in Venedig. 2004 bekam er noch einmal den Goldenen Löwen für sein Lebenswerk. In dem Museum, das Stararchitekt Álvaro Siza zu Ehren von Manoel de Oliveira entworfen hat, führt Oliveiras Nachlass durch ein Jahrhundert Filmgeschichte. Ein starkes Stück Filmkunsterbe. Obrigada, Mestre!

Adresse Serralves, Rua de Serralves 873, 4150-417 Porto | ÖPNV Bus 207 Richtung Foz, Haltestelle Serralves, Eingang etwa 200 Meter von der Bushaltestelle entfernt | Öffnungszeiten täglich 10–18 Uhr | Tipp Besuchen Sie unbedingt auch die mit Installationen bestückte Parkanlage. Am Tennisplatz befindet sich ein lauschiger Kiosk.

33 Hermínio da Palma Inácio

Der Dirigent des Widerstandes

1947 misslang Hermínio da Palma Inácios Anschlag auf einen Marine-Luftwaffenstützpunkt als erhoffter Beginn eines Militäraufstands gegen das faschistische Regime. Von der Geheimpolizei PIDE gefasst, kam er in politische Haft ins Aljube-Gefängnis in Lissabon. Tagelang wurde er malträtiert, ohne seine Komplizen zu verraten. Aus dem einzigen nicht vergitterten Fenster im Büro des Direktors gelang ihm die Flucht. Der nächste Coup machte den aufständischen Antifaschisten weltweit bekannt, nämlich als er mit gleichgesinnten Separatisten am 10. November 1961 ein TAP-Flugzeug auf dem Flug von Casablanca nach Lissabon kaperte und über Faro und Lissabon Abertausende Pamphlete mit antifaschistischen Parolen abwarf, um die bevorstehende Parlamentswahl zu sabotieren. Als er in Casablanca landete, wurde er von einer Meute Reporter empfangen, die alles über ihn, die Widerstandsbewegung und die faschistischen Zustände in Portugal wissen wollten.

Kurz darauf raubten er und seine Gefährten aus der militanten Widerstandsgruppe LUAR eine Filiale der Portugal-Bank aus. Mit der sagenhaften Beute in Höhe von heute umgerechnet etwa zehn Millionen Euro gelang dem Gangster-Trio die Flucht an Bord einer Propellermaschine an die Algarve und von dort via Spanien nach Frankreich.

Nachdem er von einem Spitzel verraten worden war, wurde Palma Inácio 1969 in Porto ins Gefängnis der Geheimpolizei gebracht. Dank einer von seiner Frau eingeschmuggelten Eisensäge konnte er türmen. Den 25. April 1974 erlebte der Anführer des Widerstandes im Gefängnis von Caxias.

Seine politischen Partner bezeichneten ihn als glühenden Verfechter der demokratischen Grundwerte, und die Stadt Porto ehrte ihn mit einer Installation, die seine spektakuläre Flucht symbolisiert. Sie wurde vor der einstigen Zentrale der PIDE aufgestellt. Ein eingraviertes Gedicht von Bertolt Brecht erinnert an seinen tollkühnen Kampf.

Adresse Largo de Soares dos Reis, 4300-096 Porto | ÖPNV Bus 207 Richtung Campanhã, Haltestelle Prado Repouso | Tipp Das Denkmal steht unmittelbar neben der Büste der Widerstandskämpferin Virgínia Moura. Ganz in der Nähe liegt das »Atelier de Arte Realista do Porto« und bietet Akt-Malkurse an.

34 Das Herz des Königs

Dom Pedros letzter Wille

Eine Plombe aus Kupfer, dahinter eine Holzwand, darin ein Käfig, der eine vergoldete Urne aus Silber schützt, die, ausgestattet mit Seidenkissen, ein Glasgefäß birgt. Sechs auserwählte Portuenser besitzen je einen Schlüssel zu der Truhe, allein der Käfig wird von fünf Schlössern geschützt. In einem in den Altar der Kirche »Irmandade da Lapa« eingelassenen Schrein befindet sich Portos größter spiritueller Schatz: das Herz des tapferen Königs Dom Pedro IV., der auch Kaiser von Brasilien war und sich Porto auf innige Art und Weise verbunden fühlte, da ihn die Portuenser liebevoll aufgenommen haben und er hier für seine Vision einer liberalen und sozial gerechten Politik bedingungslose Unterstützung fand.

Am Sterbebett verfügte er deswegen, dass sein Herz nach seinem Tod konserviert werden solle und dass er es vertrauensvoll der heldenhaften Stadt Porto hinterlasse, der Bühne seines glorreichen Sieges gegen den Königsbruder Miguel.

Zeitlebens kämpfte Dom Pedro IV. als Prinz und späterer König und Kaiser für freiheitliche Werte, für Gleichberechtigung und für soziale Gerechtigkeit. In Brasilien rief er mit der in den Geschichtsbüchern als »Schrei von Ipiranga« bekannten Erklärung am 7. September 1822 die Unabhängigkeit Brasiliens vom Mutterland Portugal aus.

In Portugal hingegen wehte dem Modernisierer absolutistischer Wind entgegen. Der Kampf um die erste Verfassung gipfelte in dem sogenannten Bruderkrieg zwischen Dom Pedro und Dom Miguel, der zwei Jahre andauerte und 1834 zugunsten des liberalen Königs entschieden wurde. Dom Pedros Herz ruht seit 1835 als Symbol der Freiheit in der Lapa-Kirche und trat anlässlich der 200-Jahr-Feier der Unabhängigkeit Brasiliens 2022 eine Reise dorthin an. Mittlerweile ist es wohlbehalten zurückgekehrt in die von Dom Pedros Tochter Maria II. geadelte »Antiga, Mui Nobre, Sempre Leal E Invicta Cidade Do Porto«.

Adresse Irmandade da Lapa, Largo da Lapa 1, 4050-069 Porto | ÖPNV Bus 304, 600, Haltestelle Largo da Lapa | Öffnungszeiten Kirche täglich außer Mo zugänglich | Tipp Der Friedhof nebenan beherbergt Mausoleen illustrer Persönlichkeiten Portos.

35 Die Igreja de Santa Clara

Die taubstumme Orgel

Im Prinzip war es nur eine Frage der Zeit, bis sich Termiten durch die Altarretabeln samt Heiligenfiguren, die Säulen und Kapitelle gefressen hätten. Man traute sich schon gar nicht mehr abzustauben. Das kostbar geschnitzte Holz war im gesamten Gebetsraum völlig porös und ausgehöhlt. Überall rieselte Holzstaub herab. Damit ist nun Schluss. Fünf Jahre hat die aufwendige Restaurierung und Konservierung der im Schatten der Stadtmauer gelegene Klarissenkirche »Igreja da Santa Clara« gedauert, die man durch ein imposantes, barock ornamentiertes Portal betritt. Über zweieinhalb Millionen Euro waren hierfür nötig. Die Summe stammte zu einem beträchtlichen Teil von Spenden Portuenser Persönlichkeiten, die sich des ideellen und materiellen Wertes des Gotteshauses bewusst waren.

»Gelobt sei die Vermählung spezieller Handwerkskenntnisse, um die Authentizität des sakralen Kunstschatzes zu bewahren«, sagte der Bürgermeister in seiner Ansprache. Er meinte damit die behutsame Restaurierung der vergoldeten Holzschnitzereien »Talha Dourada« im Kirchenschiff, die filigransten des Landes, heißt es, die bis in die Kuppel und den hohen Chor reichen und die gesamte Gewölbedecke überziehen, als stünde man unter einem Baldachin aus purem Gold.

Den Klarissenorden nach Porto eingeladen hat Königin Filipa de Lencastre, die Mutter von Heinrich dem Seefahrer. Sie hat die Kirche mit Hilfe ihres Privatvermögens auch mit einem Katakomben-Keller ausstatten lassen – und mit zwei Orgeln mit je 1.059 Pfeifen.

600 Jahre nach der Einweihung spielte der Glöckner der Kathedrale Sé do Porto am Tag der Wiedereröffnung der Kirche, dem 22. Oktober 2021, auf der linken, originalgetreu wiederhergestellten Orgel Sakralmusik. Auf der rechten Orgel spielte niemand. Denn die ist stumm und wurde einst nur aus Gründen der Symmetrie eingebaut. Macht nichts. Die 1.059 Orgelpfeifen sorgen bereits für göttlichen Klang.

Adresse Largo 1° de Dezembro, 4000-404 Porto | ÖPNV Bus 207 Richtung Campanhã, Haltestelle Largo 1° de Dezembro, Torbogen zum Kirchenhof neben der Polizeistation | Öffnungszeiten täglich 9–12.30 und 14–17.30 Uhr | Tipp Um die Ecke der Polizei führt die Treppengasse »Escadas do Codeçal« an der Rückseite der Stadtmauer abwärts durch das Brückenviertel Guindais bis zur Ponte Dom Luís I. Legen Sie eine Pause im Café »My Coffee Porto« ein und genießen Sie die grandiose Aussicht auf die Brücke.

36 Der Jardim de Arca d'Água

Ein Park sucht seinen Namen

Der Park wurde als Refugium für Familien geschaffen, wie man an der Skulptur »A família« von Charters de Almeida unschwer erkennt, und heißt »Platz des 9. April«. Doch welcher Tag ist damit genau gemeint? Schließlich geschahen an diesem Datum gleich zwei markante Ereignisse.

Anno 1833 ist es Soldaten unter dem Kommando von König Pedro IV. gelungen, das von den absolutistisch gesinnten Anhängern seines Bruders besetzte Porto zurückzuerobern, und am 9. April 1918 verlor die Nation in der blutigen Schlacht an der Lys in Flandern im Ersten Weltkrieg grausamst ein ganzes Regiment.

Doch auch in diesem lauschigen, von Magnolien beschatteten Park ist einiges passiert. Während der literarischen Umwälzung am Ende der Romantik fand hier ein Duell statt: Befeuert vom intellektuellen Streben nach Erneuerung und inspiriert von der französischen Revolution, bezogen Schriftsteller Position gegeneinander. Die jungen Wilden riefen zur kritischen Auseinandersetzung auf. Sie wollten das Pathos beenden. Welch Affront, der im Februar 1876 in einem Duell zwischen den Literaten Antero de Quental, der als Sozialreformer darauf beharrte, dass Literatur realistisch sein müsse, und Ramalho Ortigão, der dies als Beleidigung gegen Altmeister der Schrift deutete, gipfelte. Das Duell endete unentschieden, und das Tauziehen um die literarische Moderne fand erst 40 Jahre später mit Portugals bedeutendstem Dichter Fernando Pessoa in Lissabon ein Ende. Zum Andenken an das Duell steht Pessoas Skulptur verträumt im Garten der Pessoa-Universität gegenüber dem Park.

Unter dem Ententeich liegt ein Wasserreservoir verborgen, das ausgerechnet König Filipe II. von Spanien während der Iberischen Doppelunion bauen ließ. Doch daran erinnern sich die Portugiesen eher ungern, steckt der Stachel des Scheiterns am Ende der historisch belegten, 163 Jahre erfolgreichen Entdeckerexpansion dem Volk doch bis heute tief in den Knochen.

Adresse Praça de Nove de Abril, 4200-422 Porto | ÖPNV Bus 304, Haltestelle Arca d'Água direkt am Park | Tipp Im nahe gelegenen, acht Hektar großen Park »Quinta do Covelo« folgt man der Spur des Wassers und findet in der Kiosk-Bar mitten im Park ein lauschiges Plätzchen, an dem Erfrischungen angeboten werden.

37 Die Kirche von Cedofeita

Ein schnell fertiggestellter Tempel

Portos älteste Kirche ist dem römischen Soldaten Martin geweiht, der einst seinen Umhang teilte und eine Hälfte davon einem Bettler schenkte, damit der sich damit wärmen konnte. Am 11. November wird der Tag des Heiligen gefeiert. Dieser Tag heißt in Portugal »Magusto« und ist ein traditioneller Volksfeiertag, der an die Nächstenliebe erinnert und mit gerösteten Maronen und frischem Wein begangen wird.

Doch allein deswegen steht die romanische Kapelle aus Granit nicht an diesem Ort. Sie markiert den Weg des Kriegsherrn Vímara Peres, der im Jahr 868 auf Geheiß des Königs von Asturien die von maurischen Truppen besetzte Stadt am Douro zurückerobern sollte. Im April 868 war es vollbracht. Die Rückeroberung der Stadt ging einher mit der Gründung der Grafschaft »Portucale«. Vímara Peres wurde zum Grafen geadelt, und seine Nachkommen blieben bis ins späte 11. Jahrhundert die Herren über die Region »Douro Litoral«, das Gebiet an der Küste.

Das Gotteshaus ist einschiffig, mit einem Tonnengewölbe versehen und ganz und gar aus Granit. Im Tympanon prangt ein Relief, das das Agnus Dei, das Opferlamm, zeigt, umringt von einem Wolfsrudel. Die Kirche wurde auf Grundmauern erbaut, die bis ins 5. Jahrhundert zurückreichen. Die Initialen des damaligen Bischofs von Braga, der die Kirche 559 geweiht hat, sind sogar erhalten geblieben.

Der Beiname Cedofeita fußt auf dem lateinischen Wortspiel »cito facta«, auf Portugiesisch »cedofeita«, was »schnell gemacht« bedeutet. Die Anwohner tauften die Kirche während der Bauphase so, denn sie war im Nullkommanichts fertig.

Umgeben von einem Park, wacht das spirituelle Erbe der einstigen Grafschaft bereits seit über 1.000 Jahren über das Viertel, gänzlich unberührt vom Trubel der Metropole. Gegenüber steht die neue Kirche mit dem gleichen Namen. Auch dieses Gebäude sei, heißt es, viel früher fertiggestellt worden als ursprünglich geplant.

Adresse Igreja Românica de São Martinho de Cedofeita, Largo do Priorado 72, 4050-466 Porto | ÖPNV Bus 301, Haltestelle Carvalhosa | Öffnungszeiten Di–Fr 14–19 Uhr | Tipp Im Vorhof des Konservatoriums steht eine Büste von Portugals erster professioneller Solo-Cellistin Guilhermina Suggia.

38 Der Kult-Treff Batalha

Der krumme Platz

Schon lange bevor das Stadtviertel Batalha entstanden ist, hieß das Gelände bereits »Schlacht-Platz«. Nämlich seit dem Zeitpunkt, als der Sarazenen-König Almansor aufbrach, um das Massaker der Kreuzritter anno 1189 im Süden des Landes zu rächen. Der zornige Kriegsherr machte auch vor Porto nicht halt. Wütende Mauren drangen in die Stadt ein und metzelten alles nieder, was sich ihnen in den Weg stellte. Als 200 Jahre später der Hundertjährige Krieg bis Porto echote, ließ König Fernando vorsorglich ein Bollwerk um den Hafen, den Dom und bis zum »Schlacht-Platz« errichten, wo das Stadttor »Cimo de Vila« bis 1793 Einlass gewährte.

Vor dem Tor fand früher der tägliche Markt statt. Nachdem die Stadtmauer zwecks Urbanisierung an dieser Stelle niedergerissen worden war, zog der Markt auf den gänzlich neu gestalteten Platz um, der bald von Bürgerhäusern, Cafés, einem Post- und einem Telegrafenamt, der Telefonzentrale von Porto, einem Adelspalast und dem Königlichen Theater São João umgeben war. Die Gebäude wurden im Zickzack errichtet, und die Fahrbahn zieht sich wie ein S mittendurch, flankiert von der herrschaftlichen Kirche Santo Ildefonso mit ihrem Fliesenschatz an der Fassade und von einem kleinen Park, in dessen Zentrum die Statue von König Pedro V. zu sehen ist, der das kulturelle Leben in Porto zu voller Größe erhoben hat. Das Theater zählte etliche Jahrzehnte lang zu den elegantesten Opernhäusern der Welt. Ihm gegenüber steht heute ein modernes Hotel, in dem Gebäude hat einst der Gouverneur von Porto regiert, zuvor war dort ein ambulantes Krankenhaus untergebracht.

Das Theater fiel 1908 einem Großbrand zum Opfer, konnte jedoch originalgetreu wiederaufgebaut werden und sorgt bis heute mit den vielen benachbarten Musikkneipen und Lokalen sowie mit der großen Anzahl an Ethno-Shops für interkulturelles Flair. Batalha war und ist ein Kult-Treff. Der täglich stattfindende Kunsthandwerkermarkt ist besonders beliebt – bei Portuenser – und bei den Touristen.

Adresse Praça da Batalha, 4000-101 Porto | ÖPNV Tram 22, Haltestelle Batalha | Tipp Vor der Kirche Santo Ildefonso findet jeden Tag ab nachmittags ein Kunsthandwerkermarkt statt. In der »Cervejaria Gazela« isst man hervorragende Sandwiches.

39 Das Kuttelchen-Denkmal

Tripas à moda do Porto

Die Mission war eigentlich ein Staatsgeheimnis. Niemand ahnte, was in den Werften drüben in Vila Nova de Gaia genau geschah. Hinter vorgehaltener Hand hieß es, der Kronprinz würde an Bord einer Karavelle heiraten. Doch weit gefehlt!

Der in Porto geborene Infante Dom Henrique, der Sohn von König João I. und Filipa de Lencastre, war ein Visionär. Er hatte etwas ganz anderes im Sinn, als das Königreich zu regieren. So begab er sich auf einen Kontrollgang zu den Schiffsbauern und zog einzig den Mestre der Werft ins Vertrauen. »Wir segeln über den Horizont hinaus«, ließ er ihn wissen und lobte ihn für seine schnelle und gewissenhafte Arbeit. Der Prinz wollte die Weltmeere erkunden, fremde Länder entdecken und neue Handelsstützpunkte aufbauen. Der Mestre seinerseits trieb die Werftarbeiter nun erst recht an, um die Flotte von 3 Galeeren und 15 Karavellen alsbald fertigzustellen. Euphorisch verriet er das Vorhaben seiner Frau, die sagte es ihrer Tochter und die ihrer Freundin, und bald kannte ganz Porto das Geheimnis des Kronprinzen.

Am Tag des Aufbruchs zur allerersten Expedition der glorreichen portugiesischen Expansion herrschte am Kai reger Tumult. Die Portuenser kamen in Massen zum Hafen und schenkten dem Infante all ihre Fleischvorräte. Bloß die Innereien behielten sie für sich. Aus den Kutteln kochten sie Köstliches, einen Eintopf mit weißen Bohnen, Rotwurst und Speck: die »Tripas à moda do Porto«.

Der Infante war von der kollektiven Geste zu Herzen gerührt, hatten die Portuenser seinem Vater genau 30 Jahre zuvor doch den gleichen Vertrauensbeweis erbracht, als dieser in die Entscheidungsschlacht gegen die Spanier gezogen ist. »Meine Kuttelchen«, sagte der Kronprinz mit Tränen in den Augen und adelte die Portuenser mit dem Titel »Os Tripeiros«. Das Denkmal von António Lagoa Henriques am Douro erinnert an die Gabe und daran, dass der Glaube an Visionen Porto von jeher eint.

Adresse Monumento aos Tripeiros, Jardim do Calém, 4150-078 Porto | ÖPNV Tram 1, Haltestelle Fluvial, Denkmal neben dem Spielplatz | Tipp Vom Park aus spazieren Sie zur Vogelbeobachtungshütte. Je nach Tidestand haben Sie nicht nur einen tollen Ausblick auf die Dünen im Mündungsdelta, sondern auch auf die Wasservögel bei der Futtersuche.

40 Die Maria-Pia-Brücke

Französisches Industriedesign

Eiffels weltberühmtes Meisterstück, der Eiffelturm, reckt sich in Paris stählern in luftige Höhe, doch der französische Meisterarchitekt des Stahlfachwerkbaus war bereits vor dessen Erschaffung aktiv, und zwar in Portugal. Angelockt von der öffentlichen Ausschreibung für eine Eisenbahnbrücke über den Douro, die die Bahnlinie aus Lissabon mit der Nordtrasse gen Braga via Hauptbahnhof Campanhã verbinden sollte, reizte Eiffel das scheinbar Unmögliche an dieser Konstruktion. Nach nur etwas mehr als einem Jahr Bauzeit wurde die Brücke Maria Pia im November 1877 eingeweiht. Ihre Optik galt damals als revolutionär. Die Spannbreite zwischen den Ufern beträgt 160 Meter, der Höhenunterschied zwischen Wasseroberfläche und Schienen 62 Meter, das Gerüst überbrückt eine Spannweite von 354 Metern, auf acht unterschiedlich hohen Säulen verteilt liegt das Gewicht von 1.600 Tonnen Stahl.

Die Brücke läutete den Aufbruch in eine neue Architekturepoche in Portugal ein. Eiffel-Design war gefragt. In der Industrie- und Handelskammer in Porto unterhielt Gustave Eiffel sogar ein eigenes Büro. Auf dem unprätentiösen Schreibtisch entstanden Baupläne für Brücken zwischen der Algarve und dem Minho, für die doppelstöckige Brücke in Viana do Castelo oder für den Aufzug »Santa Justa« in Lissabon.

Irgendwann jedoch entzweiten sich der Star-Ingenieur und sein belgischer Partner Théofile Seyrig. Beide führten ab sofort eigenständig ihre Büros und wurden verbissene Konkurrenten. Eiffels auf der Weltausstellung in Paris präsentiertes Projekt für eine zweite Brücke für Fuhrwerke und Fußgänger über den Douro wurde abgelehnt, man stellte sich eine zweistöckige Brücke zwischen der Kathedrale von Porto und dem Kloster Serra do Pilar vor.

Die hat man auch bekommen – allerdings von Eiffels ehemaligem Partner Seyrig. Die Bogenbrücke weist definitiv Eiffel-Esprit auf und wurde 1996 zum UNESCO-Weltkulturerbe erhoben.

Adresse Ponte Dona Maria Pia, Avenida Gustavo Eiffel, 4430-999 Porto | ÖPNV Bus 403 Richtung Campanhã, Haltestelle Ponte Dona Maria Pia | Tipp Besuchen Sie Eiffels Büro im Palácio da Bolsa. Gegenüber befindet sich der Mercado Ferreira Borges in der ehemaligen Frischmarkthalle mit französisch inspirierter Stahl-Giebel-Konstruktion.

41 Das Menina Colina

Liebe auf den ersten Blick

Vier Deutsche auf Erkundungstour in Porto hat er erwischt: der Portugal-Virus, gepaart mit dem unbedingten Wunsch wiederzukehren. Das Quartett, bestehend aus Guy Lehmann, Julia Bargholz, Maria Leiterholt und Hinrich Balsters, wollte eines der vielen verlassenen Stadtpalais in Porto rekonstruieren und darin ein Gästehaus eröffnen. Ein ehrgeiziges Projekt, das viel Idealismus und finanzielle Ressourcen voraussetzt.

Ungezählte Flüge und 60 Hausbesichtigungen später standen sie vor dem ehemaligen Heim einer Fabrikantenfamilie, einem seit 30 Jahren verschlossenen Stadthaus, und schauten an der Fassade hinauf. Ein unprätentiöses Gebäude, mochten sie vielleicht gedacht haben, doch kaum hatten sie das Foyer mit dem Treppenhaus betreten, fiel die schwere Holztür hinter ihnen ins Schloss, der Lärm der Metropole verstummte, und die Magie des Hauses berührte alle vier. Die in unterschiedlichen Farben dekorierten Salons, die kunstvolle Ornamentierung, die großzügigen Zimmer und ein Gartenparadies hinter dem Gebäude mit altem Baumbestand und Gartenhaus taten ein Übriges. Im Dachgeschoss befanden sich zudem eine Kapelle und eine Glaskuppel, genannt »Claraboia«. Voilà. Die Würfel waren gefallen.

Das Haus in unmittelbarer Nähe des einstigen Königspalastes, des heutigen Nationalmuseums »Soares Dos Reis«, wurde behutsam entkernt, saniert, modernisiert und anschließend charmant eingerichtet. Die Zimmer behielten ihren ursprünglichen Charakter und Farbton. Im Musikzimmer finden wieder öffentliche Kulturveranstaltungen und Hausmusikabende statt. Im Schmetterlingszimmer flattern Schmetterlinge über die Wand, die Kapelle wurde zum Dachzimmer umgebaut, und das sommerliche Garten-Café ist längst zum Geheimtipp avanciert. Das Menina Colina ist ein Gästehaus für Individualreisende der besonderen Art. Kein Wunder, es war schließlich Liebe auf den ersten Blick.

Adresse Menina Colina Guesthouse, Rua Dr. Alberto Aires de Gouveia 15–19, 4050-023 Porto, www.menina-colina.pt | **ÖPNV** Tram 18, Haltestelle Viriato | **Öffnungszeiten** Garten-Café im Sommer, Kultursalon im Winter | **Tipp** Im Kiez rund um das Menina Colina liegt die weitläufige Gartenanlage »Jardins do Palácio de Cristal«.

42 Die Meninos do Rio

Portos Flusskinder

Der Douro war und ist Portos Aorta. Durch ihn fließt das Blut einer ganzen Stadt. Der Fluss ernährt Porto und ist nach wie vor *der* Transportweg am Tor zum Atlantik. Zwischen Kathedrale, Granitfelsen und Ufer-Kai eingekeilt, drängt sich das älteste Stadtviertel Portos. Die Häuser wirken wie rechteckige Felsen.

Die Anwohner verehren den Fluss wie einen zweiten Gott. Er beschert ihnen ihre Identität. Denn alles, was die »Ribeira« charakterisiert, kommt entweder über den Douro in die Stadt oder verlässt sie auf ihm. Die Einheimischen nennen sich »Kinder des Flusses«, »Meninos do Rio«. Für sie ist der Douro eine Amme, die schon ihre Mütter und Väter versorgt hat. Familiengeschichten drehen sich um das Lastenschleppen und den Verkauf von nützlichen Dingen auf dem täglichen Markt – und um das erste Mal.

Das erste Mal ist keineswegs doppeldeutig gemeint, nein, es handelt sich um den ersten Sprung in den Fluss, den die hiesigen Kinder mit etwa vier Jahren unternehmen. Ein spiritueller Akt, den nur Eingeweihte verstehen können, andere halten ihn für viel zu gefährlich. Doch der Douro liebt seine Kinder – und sie lieben ihn. Er verbindet die Vergangenheit mit der Zukunft, für die die Kinder stehen. So tauchen Mütter ihre Kinder bereits als Säuglinge in den Douro. Später springen sie gemeinsam. Freilich zum Spaß, zur Abkühlung. Gern gegen Geld der Touristen. Oder traditionell als Liebesbeweis.

Will ein »menino« einer »menina« imponieren, springt er von der Ponte Dom Luís I – aber nur von der unteren Ebene. Umgekehrt übrigens auch. Mädchen lassen sich genauso die knapp 20 Meter in die Tiefe fallen, manchmal mit einem Salto. Dafür steigen sie auf den unteren Stahlträger und balancieren darauf bis knapp zur Mitte. Dort bekreuzigen sie sich und springen. Angst haben sie keine. Sie sagen, im Douro würden bloß Selbstmörder sterben. Manchmal auch Touristen, die sie nachahmen.

Adresse Ponte Dom Luís I, 4000-059 Porto | **ÖPNV** Bus 900 Richtung Santo Ovídio, Haltestelle Elevador Guindais, Markt der »Flusskinder« direkt am Brückenpfeiler | **Tipp** Wenige Meter vom Straßenmarkt entfernt erinnert das Bronzerelief »Alminhas da Ponte« an die ertrunkenen Opfer der ersten Invasion durch Napoleon. Genehmigen Sie sich in einer Bar oben auf der Ufermauer einen »Porto Tonic« mit Blick auf das bunte Treiben.

43 Der Mercado do Bolhão

Integration à la Porto

Der »Bolhão« ist Portos Frischeparadies. Der Markt blickt auf mehrere hundert Jahre Geschichte zurück, die im Freien mit einem Frisch- und einem Viehmarkt begann. Unter dem Gelände fließt ein unterirdischer Fluss, er tränkte das zum Verkauf angepriesene Vieh. Daher der Name: Markt an der Quelle – »Bolhão«.

Nach vier Jahren Grundsanierung fieberten 79 Standbetreiber mit insgesamt 400 Mitarbeitern der Eröffnungsfeier am 15. September 2022 entgegen. Als Portos Bürgermeister feierlich um Punkt 8 Uhr morgens mit einem Glockenschlag die Flügeltüren zur Markthalle öffnete, flossen Tränen. Gebetet haben sie alle, dass sie die Wiedereröffnung ihres Marktes noch erleben. Gemeint sind die Marketenderinnen, die teilweise seit über 50 Jahren ihren Stand betreiben und gebangt haben, als ihr geliebter »Bolhão« modernisiert und saniert wurde.

Erleichtert kehrte die eingeschworene Marktgemeinschaft aus der provisorisch angelegten Markthalle zurück in die halb offene, nach französischem Vorbild erbaute Halle. Viele Händler betreiben ihren Stand bereits in der zweiten oder dritten Generation. Als Kinder haben sie im Marktgetümmel miteinander gespielt, sie kennen sich ein Leben lang.

Einig sind sich Händler und Kunden darüber, dass der neue Markt der alte geblieben ist, seit über 100 Jahren ist er in dem nun grundsanierten Atrium des klassizistischen Gebäudekarrees zu Hause, das mit vier halbrunden Türmen mit je einer Kuppel versehen ist. Auf zwei Ebenen verteilen sich Marktstände und Restaurants mit Showcooking. Hier werden Gerichte der portugiesischen Küche zubereitet. Ein Ort der Begegnung, man kauft ein, was schmeckt, und tauscht die aktuellen Neuigkeiten aus. Nirgendwo sonst schlägt Portos weltoffenes Herz lauter, sodass selbst Fremde sofort mit »Liebchen«, »Querida«, und »Du«, »tu«, angesprochen werden. So geht Integration à la Porto.

Adresse Haupteingang, Rua Formosa 322, 4000-248 Porto | ÖPNV Metro D, Haltestelle Bolhão | Öffnungszeiten Mo–Sa 8–20 Uhr, Lokale bis 24 Uhr | Tipp In der Nebenstraße vor und neben der Markthalle können Sie nostalgisch shoppen, und zwar in Ladenlokalen mit Jugendstil- und Art-déco-Fassaden.

44 Der MiraDouro

Ein Vintage-Schatz auf Schienen

In São Bento fährt mehrmals täglich ein besonderer Zug mit kunterbunten Waggons der Marke Schindler ein. Sie sind orange, rot und gelb lackiert und gekoppelt an eine Diesellok der Baureihe 1437 aus den 1960er Jahren. Ein Original auf Schienen namens MiraDouro.

Der Vorstand der Eisenbahngesellschaft »Comboios de Portugal« will mit eigens entwickelten, attraktiven Bahnfahrten durchs Land den Eisenbahntourismus ankurbeln. Hierfür werden im Bahndepot historische Loks und Waggons restauriert und verkehrstauglich auf die Schiene zurückgebracht. So wie der MiraDouro. Der Zug fuhr die Strecke bis Ende der 1980er Jahre noch im Regelverkehr, die Lok ist das Wahrzeichen einer Eisenbahnfahrt am Douro entlang bis fast zur spanischen Grenze geblieben.

Die von anno 1872 bis 1887 mit 35 Brücken und 23 Tunneln über exakt 200 Kilometern konstruierte Schienenstrecke, die eigens für den Passagierverkehr und den Transport von Portweinfässern und Waren aus dem Oberen Douro-Tal nach Porto verlegt wurde, endet heutzutage leider in Portugal. Bis 1985 führte die Bahnlinie weiter nach Barca d'Alva über die nun stillgelegte Brücke am Grenzfluss Agude nach Spanien und durch das El-Duero-Gebirge bis nach Salamanca. Früher stieg man in São Bento in Porto in den mit Salonwagen, Restaurant und Bordservice ausgestatteten Zug ein und erreichte nach einem Umstieg in Salamanca Madrid. Seit 1988 endet die Fahrt auf der legendären Strecke in Pocinho. Der Flugverkehr und die Autobahnen haben die Zugverbindung abgelöst.

Die Bahnfahrt mitten durch das im Jahr 2001 zur UNESCO-Weltkulturerbestätte erhobene Douro-Tal dauert drei Stunden, davon geht es zwei Stunden unmittelbar am Ufer des Douro entlang. Durch die Panoramascheiben schauend, reist man bequem in tiefe Polster gekuschelt und genießt den Fahrtwind durch den Weingarten. Früher wie heute ein unvergessliches Eisenbahnerlebnis.

Adresse Estação Ferroviário de São Bento, Praça de Almeida Garrett, 4000-069 Porto | ÖPNV Metro D, Haltestelle São Bento | Tipp Besuchen Sie die »Quinta do Bomfim« in Pinhão, machen Sie dort eine Portwein-Probe und ein Picknick und unternehmen Sie unbedingt eine Bootsfahrt auf dem Douro an Bord eines Rabelos.

45 Der Palácio da Bolsa

Die Handelskammer der Königin

Am 24. Juli 1832 stand Porto in Flammen. Ein Inferno, dem etliche Bauten zum Opfer fielen, unter ihnen das Kloster São Francisco und die frühere Handelskammer. Laut Dekret von Königin Maria II. entschied man sich zwei Jahre später für den Bau einer neuen Handelskammer auf dem niedergebrannten einstigen Klostergelände. Bis dato hatten die Kaufleute im Freien getagt.

Die Grundsteinlegung für den Palácio da Bolsa, den Börsenpalast mit Handelsgericht, fand 1842 statt. Um einem eventuellen finanziellen Engpass vorzubeugen, der der würdevollen Ausstattung des Palastes schaden könnte, ordnete die Königin an, dass die Handelsvereinigung für einen Zeitraum von zehn Jahren über alle außerordentlichen Einnahmen verfügen sollte, die durch den Zoll eingenommen wurden.

70 Jahre lang waren nacheinander sechs Architekten mit einer riesigen Menge von Handwerken beschäftigt, um das imposante Gebäude zu errichten und innen erlesen auszustatten. Ein Jahr nach dem Attentat auf König Carlos I. wurde die Kammer 1909 von dessen Sohn Luís eingeweiht. Kaum in Betrieb genommen, wurde sie wenige Monate nach dem Sturz der Monarchie und der Ausrufung der Republik als einstige königliche Institution gestürmt und geplündert. Das Porträt von König Carlos im Büro des Vorsitzenden wurde mit zwei Pistolenschüssen beschädigt. Sämtliche Aktivitäten stagnierten, dem Gebäude drohte der Ruin, bis es während der einjährigen Militärdiktatur von Sidónio Pais 1917 der Kammer überschrieben wurde. Seither ist es im Besitz der Handelsvereinigung von Porto.

Eine Besichtigungstour beginnt in dem mit einer imposanten Glaskuppel überdachten »Pátio das Nações«. Die exquisite Ausstattung ähnelt im gesamten Gebäude eher einer königlichen Residenz als einer Handelskammer. Der Prunk setzt sich im Gerichtsaal und im Arabischen Saal fort und vermittelt dem Besucher eine Ahnung vom außerordentlichen Wohlstand der Stadt.

Adresse Rua de Ferreira Borges, 4050-253 Porto | ÖPNV Bus 906 Richtung Madalena, Haltestelle Ribeira, von dort der Rua do Infante Dom Henrique bis zur Rua de Ferreira Borges folgen und weitere 100 Meter zum Eingangsportal | Öffnungszeiten täglich 9–18.30 Uhr | Tipp Rechts daneben befindet sich das Institut für Portwein mit einer Ausstellung über die Anbauregionen und die Geschichte des Portweins. Es gibt einen exzellent sortierten Shop und die Möglichkeit zur Portwein-Probe mit acht verschiedenen Sorten.

46 Der Palácio das Sereias

Zwischen Sanftmut und Nächstenliebe

Es gibt Gebäude, deren makabre Geschichte dem Betrachter verborgen bleibt. Dem Palácio das Sereias, dem »Palast der Meerjungfrauen«, sieht man seine Biografie nicht an. Die Fassade wirkt erhaben, was der geografischen Lage geschuldet ist, die Ausmaße, die an eine Festung erinnern, sind beträchtlich. Quadratisch ist das Gebäude, mit einer Aussichtsterrasse Richtung Vila Nova de Gaia, einem Park und Obsthainen dahinter. Wer vor dem Haus steht, hebt staunend den Blick, das Portal mit dem Tympanon, in dem das Familienwappen in Stein gemeißelt ist, wird flankiert von zwei Meerjungfrauen, die die beiden Veranden im ersten Stock darüber tragen.

Bereits im 12. Jahrhundert ließ sich die asturische Adelsfamilie Portocarrero in Porto nieder und erwarb eines Tages dieses Grundstück. Die makabre Geschichte nimmt jedoch erst später ihren Lauf: Auf dem Grundstück befand sich früher der jüdische Friedhof Portos, der von dem Prestige-Bau quasi begraben wurde. Den Palast erbte der Bruder des Erbauers, der, so wird erzählt, mit den französischen Invasoren sympathisiert habe. Nach dem Überfall der napoleonischen Truppen auf Porto und dem anschließenden Massaker beschuldigte man Portocarrero des Hochverrats. Zum Prozess kam es jedoch nie. Der junge Mann wurde vor den Augen seiner Familie im Atrium gelyncht. Die Familie verließ den Palast und Porto auf der Stelle und kehrte nie wieder zurück.

Der Palast stand seit 1809 leer, bis 1955 die Canossianerinnen das leer stehende Gebäude erwarben. Ihrem Motto »Sanftmut und Nächstenliebe« folgend, richteten die »Töchter der Liebe« in dem Palast ein Kollegium für Kinder aus prekären sozialen Verhältnissen ein. Die Schwestern betreiben dort heute eine Kinderkrippe, eine Vorschule sowie eine Kantine für bedürftige Kinder und bieten ein Freizeitprogramm für Jugendliche an. So hat dieser Ort doch noch sein Happy End gefunden.

Adresse Rua da Bandeirinha 22, 4050-088 Porto | ÖPNV Bus 801 Richtung Foz, Haltestelle Hospital de Santo António, dann die Rua da Restauração überqueren und der Rua da Bandeirinha etwa 400 Meter steil bergab folgen | Tipp Ganz in der Nähe liegt das Entdecker-Museum »World of Discoveries«.

47 Der Palácio do Freixo

Das barocke Prachtschloss

Die Spuren, die Nicolau Nasoni in Porto hinterlassen hat, führen zum Palácio do Freixo. Einst rief der Großmeister des Malteserordens den Maler aus der Toskana nach Malta. Dort stattete Nasoni unter anderem den Noblen Saal der Malteser-Ritterrunde mit Fresken aus. Nasonis Kunst bestach durch moderne Techniken und dramaturgisch komponierte Malerei. Deswegen schickte der Orden Nasoni nach Porto, wo er den Hochaltar der Kathedrale Sé do Porto malerisch ausschmückte und sich danach der Architektur widmete. Nach seinen Entwürfen entstanden der Bischofspalast, der Clérigos-Turm mit der zugehörigen Kirche, die Kirche Bom Jesus in Matosinhos und weitere Gebäude, die das Stadtbild von Porto bis heute prägen und die zu einer eigenen »Nasoni-Route« zusammengefasst sind.

Auch der imposante Palácio do Freixo, direkt am Douro gelegen, entstammt Nasonis meisterhaftem Gespür für die Gestaltung mondäner Barockresidenzen. Das rechteckige Herrenhaus mit den vier Türmen und der in Wellenform angelegten Freitreppe umgibt eine geradezu märchenhafte Aura.

Auf einer zwei Hektar großen Terrasse am Ufer des Douro errichtet und eingebettet in eine italienisch inspirierte Gartenlandschaft, wechselte das Barockschloss mehrfach den Eigentümer. So entstand direkt nebenan eine Fabrik zur Herstellung von Seifen, die kurz darauf in eine Destillerie umgewandelt wurde, wo ein deutscher Schnapsbrenner tätig war. Aus der Destillerie erwuchs die größte Kornmühle Portugals, in deren einstige Silos vor circa zehn Jahren ein Hotel eingezogen ist, das heute zu den besten der Welt zählt.

Bei einem Rundgang durch die historischen Salons begegnet man überall Gemälden, Stuck und Fresken sowie ausgefeilten Ornamenten. Im Park trifft man auf erlesene Figuren und Skulpturen, die das Genie des Malers zeigen, der sich auch zum Architekten berufen fühlte und Portos Barockgebäude wie kein Zweiter beeinflusst hat.

Adresse Avenida Escritor Costa Barreto 421, 4300-316 Porto | ÖPNV Bus 400 ab Aliados, Haltestelle Palácio do Freixo, 400 Meter durch den Brunnenpark zum Ziel | Öffnungszeiten Nicht-Hotelgäste bitte an der Rezeption anmelden | Tipp Direkt neben dem Hotel liegt die ehemalige Getreidemühle »Antiga Moagem Harmonia«, auf der anderen Seite das Presse-Museum. An der Marina do Freixo kann man Stand-up-Paddling betreiben oder Bootstouren unternehmen.

48 Die Parfüm-Boutique

Der Duft Portugals

Alle Portugiesen sehnen sich nach dem Duft ihrer Heimat. Mit gutem Grund, denn überall im Land blüht es das gesamte Jahr über, exotische Düfte vermischen sich mit dem Geruch des Meeres, feuchter Tonerde und nassen Felsgesteins.

Im Frühjahr betört der blumig-pudrige Geruch der Mimosen. Das Harz der Zistrosen breitet seinen süßlichen Duft aus und parfümiert ganze Küstengebiete und den gesamten Süden. In Palastgärten und Parks öffnen Kamelien ihre Knospen und verströmen ein sinnliches Odeur. Im März verstärkt sich das Bouquet noch um süßliche Nuancen nach Bergamotte. Orangen- und Zitronenbäume erblühen in Dörfern und Städten und auf Plantagen und wecken alle Sinne. Getoppt wird das alljährlich wiederkehrende wohlduftende Potpourri alsbald im Sommer mit Noten von Jasmin, Goldregen und Rosen. Überall wittert man wilde Rosenblüten, Buschröschen und prächtige Zuchtrosen in allen Farben, akzentuiert von einem Hauch Lavendel, Minze, Basilikum, Kerbel und Knoblauchnelke.

All diese Aromen sind in der Duftmarke »Castelbel« aus Porto enthalten. Der Portuenser Chemieprofessor Aquiles Barros sollte 1999 eigentlich Luxusseifen für eine amerikanische Firma kreieren und fragte sich, warum er Portugals Duftressourcen exportieren und nicht selbst produzieren soll.

Barros und das Unternehmen waren von Anfang an vom Wunsch beseelt, nicht nur Duftseifen, sondern ansprechende Geschenke zu erschaffen, und so erfreut die »Castelbel«-Kollektion mit der Parfümserie »Portus Cale« zusätzlich durch die liebevolle Aufmachung und Verpackung, die ihresgleichen sucht. Davon zeugt der beständige Erfolg der kleinen Parfümfabrik, die mit einem festen Kundenstamm in 50 Ländern im Jahr 2000 mit sechs Mitarbeitern begann, mittlerweile über 200 Angestellte zählt und neben Duftprodukten noch eine eigene Fühl-dich-wohl-Serie für das häusliche Ambiente anbietet. Kann ein Souvenir aus dem Portugal-Urlaub besser riechen?

Adresse Castelbel, Rua de Ferreira Borges, 4050-018 Porto | ÖPNV Bus 901 Richtung Valaderes, Haltestelle Ribeira, von dort am Markt Ferreira Borges vorbei zum Duftparadies | Öffnungszeiten täglich 10–20 Uhr | Tipp Im Museum nebenan werden ständig neue Ausstellungen gezeigt. Das Restaurant »DOP« bietet eine große Weinauswahl und angerichtete Platten mit regionalen Käse-, Schinken- und Wurstspezialitäten an.

49 Der Passeio Alegre

Der glückliche immergrüne Stadtgarten

»Gebt den letzten Tropfen Wasser den Bäumen, damit sie lächeln«, schrieb der Portuenser Dichter Mário de Andrade. Sein Anliegen steht in eine Steinplatte graviert auf einem Olivenbaum am Eingang des Parks »Jardim do Passeio Alegre«, den der Berliner Landschaftsarchitekt Emílio David 1870 erschaffen hat. Ein Garten für beglückende Spaziergänge, mit einem Palmengarten mit kanarischen Palmen und imposanten Norfolk-Araukarien, die sich Schatten spendend über die Rasenflächen und Teichanlagen wölben. Der Park lädt zum Wandeln ein – oder zu einer gemütlichen Tasse Tee im »Schweizer-Chalet«, das kein Schlösschen, sondern ein Kiosk ist. Der Spitzname stammt von den Romanciers, die sich dort im Literatursalon »Chalet Suisso« zur vorigen Jahrhundertwende trafen und zur intellektuellen Elite Portos zählten. Ramalhão Ortigão, der Verfasser des ersten portugiesischen Kriminalromans, und Camilo Castelo Branco, der Autor des später von Manoel de Oliveira inszenierten und preisgekrönten Films »Vergeudete Liebe«, gingen hier ein und aus. Heute ist das Chalet mit Ziegenbock auf dem Kuppeldach nur noch ein Symbol des Parks und einer von noch sechs geöffneten, traditionellen Café-Kiosken von Porto.

Am Eingang des Parks begrüßen zwei vom Architekten Nicolau Nasoni entworfene, reichlich ornamentierte Obelisken den Müßiggänger. Früher bekränzten diese den Eingang zum größten Busch-Labyrinth der Iberischen Halbinsel in der Quinta »Casa da Prelada«.

An den Teichanlagen lässt es sich entspannt verweilen. Der Blick schweift vorbei an den Skulpturen vom »Mädchen mit Seehund« zu »Johannes dem Täufer« durch den immergrünen Stadtgarten. Der Granitbrunnen plätschert, das Meer brandet. Wenn dann noch das Philharmonie-Orchester im Konzert-Pavillon spielt, ist der unvergessliche Moment perfekt. Selbst das stille Örtchen beglückt – mit Jugendstil-Fassade und französischen Fayencen.

Adresse Rua do Passeio Alegre, 4150-576 Porto | ÖPNV Tram 1, Endstation Jardim do Passeio Alegre, Eingang zum Park genau gegenüber | Tipp Besuchen Sie die Festung »Forte de São João Batista« am Ende des Parks. Und wandern Sie über die Wellenbrecher in Foz vor bis zur Spitze. Vorsicht bei starker Brandung!

50 Der Pavilhão Rosa Mota

Die »Super Bock«-Halbkugel

Im Zentrum des weitläufigen Stadtparks »Jardins do Palácio de Cristal« wölbt sich eine genoppte grüne Halbkugel in den Himmel, ihre Form erinnert eher an ein Raumschiff als an eine Mehrzweckhalle. Utopisch ist nicht nur ihr Aussehen, sondern auch ihre Geschichte.

Die erste Weltausstellung auf der Iberischen Halbinsel fand 1865 in Porto statt. Hierfür wurde ein Pavillon inmitten einer etliche Hektar großen Parkanlage errichtet. Inspiriert vom »Crystal Palace« in London, ähnelte der Bau einer Kathedrale aus Glas und Eisenträgern. Dreischiffig designt, maß der gläserne Pavillon 150 mal 72 mal 19 Meter. Der Weg dorthin führte durch eine Lindenallee, die in das Anwesen »Quinta da Macieirinha« integriert war, in dessen Herrschaftshaus sich der einstige König von Sardinien zurückzog, nachdem Fürst von Metternich ihn vom Thron gestoßen hatte. Die Schwester des Königs der Sarden ließ für ihren Bruder eine Grabkapelle im neogotischen Stil errichten, die heute diversen Konfessionen als Gebetshaus dient.

Der »Palácio de Cristal« mit gleichnamigem Gärten avancierte zum Wahrzeichen Portos, der Park bot ein schattiges Refugium, doch knapp 90 Jahre später verschwand er. In einer Blitzentscheidung wurde das Gelände einer Sporthalle als Austragungsort für die Hockey-Meisterschaft 1952 überlassen, der Palast wurde abgerissen, was von den Portuensern als »Attentat auf städtisches Kulturerbe« empfunden wurde.

Gegenwärtig betreibt Portugals Biermarke »Super Bock« die Arena, die mit 8.000 Tribünenplätzen sowie einer Bühne für Großveranstaltungen, einem Kongresszentrum und einem Auditorium ausgestattet ist. Die Namensgeberin ist eine Portuenserin und Portugals erfolgreichste Athletin: die Marathonläuferin Rosa Mota. Sie gewann Dutzende Meisterschaften und Medaillen bei Olympischen Spielen, und bei den Wettkämpfen in Athen 2004 entzündete sie als Ehrengast das Olympische Feuer.

Adresse Super Bock Arena – Pavilhão Rosa Mota, Rua de Dom Manuel II, 4050-346 Porto, www.superbockarena.pt | ÖPNV Bus 200 Richtung Praça da Cidade do Salvador, Haltestelle Palácio, Eingang zum Park mit Arena genau gegenüber | Öffnungszeiten Infos zur Besichtigung der Arena siehe Website | Tipp Das Portweinhaus »Solar do Vinho Porto« im Park bietet eine Bar mit der größten Auswahl an Portweinen in der ganzen Stadt. Im Philosophie-Garten steht ein alter Wachturm, den man besteigen kann.

51 Die Ponte da Arrábida

Startrampe in die Zukunft

Die Ponte das Barcas existierte in Porto über 500 Jahre lang. Dicht aneinandergebundene Boote mit dicken Brettern dienten wie ein Steg der Überquerung des Douro zu Fuß oder mit kleinen Fuhrwerken – bis zur Einweihung der ersten auf Pfeiler gebauten Brücke Ponte Pênsil, einer Hängebrücke, im Jahr 1846. Die Fahrbahn habe jedoch wie Espenlaub gezittert, sobald 50 Personen gleichzeitig darübermarschierten, heißt es. Die nachweislich stark schwankende Ponte Pênsil wurde deswegen1886 von der doppelstöckigen Stahlbogenbrücke Ponte Luís I abgelöst. Zudem führt seit 1877 die Gustav-Eiffel-Eisenbahnbrücke Ponte Maria Pia über den Douro, sie wurde bis 1991 für den Schienenverkehr benutzt.

Das damals von Eiffel importierte Industriedesign wurde als bautechnisches Wunder angesehen. Als Edgar Cardoso 1956 zum Bauleiter für die neue Ponte da Arrábida ernannt wurde, staunte ganz Porto über den geplanten Riesen aus Stahlbeton und die bis dato unbekannten Baumethoden. Die Portuenser fragten sich, ob solch ein Vorhaben gelingen könne.

Täglich wieder beobachteten Abertausende Schaulustige, wie sich aus den Pfeilern am Ufer meterlang der Baustahl allmählich in Richtung Mitte bog. Der Moment, als mittels Kranflaschenzug das Mittelstück des Bogens vom Douro aus hochgezogen und eingesetzt wurde, katapultierte Porto mit einem Ruck in die Zukunft.

Die 1963 eingeweihte Arrábida-Brücke war damals die größte Stahlbeton-Bogenbrücke der Welt. Der Bau dauerte sieben Jahre. Über 600 Meter lang und 70 Meter hoch ist die Fahrbahn, die beiden den Straßenbelag tragenden Bögen wölben sich mit 270 Meter Spannbreite über den Fluss, der weiße Beton glänzt. Frei nach dem Motto »Alles ist möglich« kann man das erfindungsreiche Gelingen dieser Mammut-Baustelle als Startrampe für alle anderen futuristischen Projekte in Porto betrachten und als Symbol für den überall spürbaren innovativen Geist der Stadt.

Adresse Via Cintura Interna, 4400-492 Porto | ÖPNV Bus 200, 207 Richtung Castelo Queijo, Haltestelle Junta de Freguesia de Massarelos, umsteigen in Bus 903 Richtung Vilar do Paraíso, Haltestelle Chãs, von dort 850 Meter Richtung Afurada laufen; Tram 1 Richtung Foz, Haltestelle Arrábida | Tipp Mit dem Tour-Anbieter »Porto Bridge Climbing« können Sie die 65 Meter hohe Brücke als einzige in ganz Europa nach Anmeldung mit Führung besteigen. Das Büro und der Einstieg befinden sich am Ufer in Porto.

52 Die Ponte Dom Luís I

Die königliche Brücke

Zur Weltausstellung 1878 in Paris stellte Gustav Eiffel ein Modell für eine Hub-Stahlbogenbrücke über den Douro vor. Der damals für Portos Infrastruktur zuständige Militärarchitekt lehnte den Entwurf jedoch ab und ließ den Bau 1880 öffentlich ausschreiben. Porto wollte eine Brücke mit zwei Fahrbahnen. Die untere Ebene sollte zwei Meter höher als die bisherige »Ponte Pênsil« (Hängebrücke) sein, die Spurbreite sollte unten acht und oben sechs Meter betragen.

Zehn ausländische Ingenieurbüros bewarben sich. Den Zuschlag erhielt das belgische Büro »Société de Willebroek«. Baubeginn war im November 1881. Ein Felsmassiv am Morro-Hügel in Vila Nova de Gaia wurde gesprengt, um Platz für die Fahrbahn in die Oberstadt von Vila Nova de Gaia zu schaffen. Die »Companhia Aliança de Massarelos« errichtete nach Plänen des ehemaligen Eiffel-Partners, des Ingenieurs Teófilo Seyrig, das damals weltweit größte Stahlwerkgitter. Der Bogen der Fachwerk-Bogenbrücke misst 172 Meter, der Abstand zwischen den Ebenen beträgt 45 Höhenmeter. Ende Oktober 1886 wurde die obere, 380 Meter lange Fahrbahn von König Luís I. persönlich eingeweiht, später die untere – ohne den König. Dabei kam es zu Tumulten, weil die Brücke plötzlich vibrierte. Die Leute gerieten in Panik. Falscher Alarm! Der starke Verkehr auf der Brücke hatte die Schwingung ausgelöst.

Mehrmals musste Porto darum fürchten, sein Wahrzeichen an den Douro zu verlieren, der bis auf wenige Zentimeter unter der unteren Ebene anschwellen kann, doch die Katastrophe blieb bislang glücklicherweise aus. Außerdem ist die Brücke stark der Korrosion durch Salzluft ausgesetzt, früher litt sie auch unter dem Urin der Zugtiere.

Der Brücke, die nach König Luís I. benannt ist, fehlte erst der Zusatz »Dom«. Ob wegen der Abwesenheit des Königs bei der zweiten Einweihungsfeier oder wegen der engen Verbundenheit Portos zu seinem Herrscher, bleibt Spekulation.

Adresse 4000-059 Porto | ÖPNV Bus 900 Richtung Santo Ovídio, Haltestelle Elevador Guindais | Tipp Unternehmen Sie einen Spaziergang über die untere Ebene nach Vila Nova de Gaia. Am anderen Ende der Brücke bietet gleich links die Burmester-Kellerei eine Portwein-Probe an.

53 Portos kürzeste Straße

Klug wie Knoblauch

Eine Weinroute, die mitten durch die Stadt führt? Das gibt es nur in Porto. Angefangen hat alles mit *The portuguese red*. »Der rote Portugiese« hieß der Rebensaft lapidar und wurde in England fleißig getrunken, doch an Bord der Schiffe wurde er seekrank. Sauer vergoren kam der Wein in England an und musste oft weggekippt werden.

Pfiffigen Weinbergarbeitern ist eine Lösung dafür eingefallen: Sie haben den Most noch während der Fermentierung mit Weinbrand vermengt. Das machte den Wein süß – und haltbar. Der Portwein, seit 1756 unter dem Namen »Vinho do Porto« geschützt, ward geboren und wurde über die Jahrhunderte hinweg geschmacklich immer mehr verfeinert.

Nationale und internationale Weinhändler, unter ihnen etliche Briten, erkannten das enorme kommerzielle Potenzial des Portweins und kauften Land an beiden Ufern des Douro, wo die Trauben im milden Klima bestens gedeihen. Winzer und Weinhändler errichteten in Porto Privathäuser und Kontore, die Briten betrieben außerdem einen eigenen Außenhandelsposten. Die Gebäude der Briten fügen sich schön in das Stadtbild ein und haben Porto einen charakteristischen Stempel aufgedrückt. Dazu zählen der englische Club am Virtudes-Park, der Handelsposten »Feitoria Inglesa«, das frühere Gerichtsgebäude und heutige Museum für Fotografie, das Hospital Santo António und viele andere.

Die kürzeste Straße Portos, die 30 Meter messende Rua Afonso Martins Alho, erinnert an einen pfiffigen Weinhändler, der 1353 den ersten Handelsvertrag zwischen Portugal und England unterzeichnete und damit den Grundstein für den weltweiten Erfolg des Portwein-Exports legte. Sein Familienname »Alho« bedeutet übersetzt »Knoblauch«. So entstand die in Porto geläufige Redensart: Der ist klug wie Knoblauch. Das Sträßchen ist in die Rota Urbana Vinho, die Weinroute mit ihren 22 historischen Stationen – darunter neun britische Posten – integriert.

Adresse Ecke Rua das Flores 222, 4050-018 Porto | ÖPNV Metro D, Haltestelle São Bento, der Rua das Flores etwa 250 Meter folgen und links abbiegen in die kürzeste Straße Portos | Tipp Die kurze Straße mündet in Portos historische Bummelmeile. Besuchen Sie dort die Antiquariate und Boutiquen sowie die Misericórdia-Kirche mit dem Museum für sakrale Kunst.

54 Die Praça da República

Anfang und Ende des Königreiches

Als Heinrich von Burgund und Teresa von Kastilien vor den Traualtar traten, überschrieb Teresas Vater dem Schwiegersohn eine Grafschaft im Westen: Portucali. Ein Fleckchen fruchtbare Erde, am Douro gelegen, mit der florierenden Hafenstadt Porto am Atlantik. Heinrich war zufrieden mit der Aussteuer, aber seine Angetraute wollte mehr Macht. Ein eigenes Königreich mit ihrem Gatten als König schwebte ihr vor. Doch der friedliebende Heinrich sah keine Veranlassung, in den Krieg gegen die maurischen Nachbarn zu ziehen, und so setzte Teresa all ihren Ehrgeiz in ihren Sohn.

Mit seinem Hauslehrer Egas Moniz als Mentor an seiner Seite unterbreitete Afonso Henriques seine Vision einer Reconquista des gesamten Südens in einer Audienz dem amtierenden Papst und schwor im Namen der Heiligen Dreifaltigkeit, die maurische Herrschaft im einstigen Lusitanien zu beenden. Im Gegenzug bat er um die Entlassung der Grafschaft Portucali aus kastilischer Lehnsherrschaft. Afonso Henriques wollte ein eigenes Königreich, einen neuen Staat mit einer eigenständigen Nation gründen.

Am 5. Oktober 1143 wurde der Vertrag von Zamora geschlossen, mit dem die Anerkennung des Königreiches Portugal besiegelt wurde. Exakt 767 Jahre später riefen die Republikaner am 5. Oktober 1910 nach einem erfolgreichen Militärputsch gegen die Monarchie die Erste Republik aus.

Das Gelände, auf dem die Putschisten von Porto gegen die königlichen Truppen gekämpft haben, ist der heutige Praça da República. Davor hieß das Feld »Campo da Regeneração«, zu Ehren der am 1. Mai 1851 mit dem Sturz der Regierung eingeleiteten sozialpolitischen Umwälzung zugunsten humanitärer und demokratischer Grundsätze. Im Andenken an das über ein halbes Jahrhundert umkämpfte Ende der Monarchie schmücken eine Statuette, die die Republik zeigen soll, sowie die Büste des ersten Präsidenten Teófilo Braga den sternförmig angelegten Park.

Adresse 4050-498 Porto | ÖPNV Bus 600 Richtung Lapa, Haltestelle Praça da República | Tipp Im Park stehen die von Fernando Sá kreierte und 1900 im Pariser Salon prämierte Skulptur »Der Raub des Ganymed« sowie eine Bacchus-Figur. Am Platz liegt auch der angesagte Jazzclub »Porta-Jazz«.

55 Die Praia dos Ingleses

Portos Strand-Chaussee

Zweifelsohne ist die Chaussee von Foz do Douro eine privilegierte Wohngegend. Bereits im 18. Jahrhundert residierten hier wohlhabende Portwein-Produzenten. Etliche davon waren Briten. Sie trafen sich zum Betrachten des Sonnenuntergangs regelmäßig am Meer zwischen bizarr zerklüfteten Rifffelsen an einem Sandstrand, der alsbald den Spitznamen »English Beach« – »Praia dos Ingleses« – innehatte. So heißt er bis heute und lockt noch immer viele Müßiggänger und Freizeitsportler an.

Alsbald folgten alle Portuenser dem Beispiel der Briten, sich am Atlantik zu vergnügen. Kioske entstanden, Strandcafés und Restaurants wurden in direkter Nachbarschaft von eleganten Jugendstilvillen und Bürgerhäusern eröffnet. Eine exklusive Ansammlung von Privatresidenzen mit Meerblick säumt die Avenida do Brasil. Der durchgehend parallel verlaufende Wander- und Radweg folgt dem Ufer am Ozean entlang und verbreitet vor allem im Dunkeln – von Laternen beleuchtet – ein ureigenes romantisches Flair.

Drei Kilometer wandelt man auf der Chaussee nach Foz, lässt sich vom auffrischenden Wind streicheln und vom Duft der weiten Welt inspirieren. Wer an der Burg »Forte de São Francisco Xavier« losmarschiert, die wegen der Felsformation, die an einen Käselaib erinnert, im Volksmund »Käse-Burg« heißt, folgt dem Stelzensteg und dem Trottoir gen Süden vorbei am einstigen Behelfshafen Carreiros weiter zur »Pérgola da Foz« und zum »Strand der Engländer« mit seinem kleinen Park und schönen Skulpturen. Weitere Strandbuchten, im Sommer mit bunten Umkleidezelten versehen, begleiten den Flaneur bis zur Mündung an die Praia do Molhe, wo gleich mehrere Wellenbrecher, der älteste von 1790, die Urkraft des Ozeans zähmen. An der Einfahrt in den Douro wachen an der Spitze der Brecher idyllisch drei Leuchttürme. Der Weg dorthin führt vorbei an der Skulptur »Menschheitstraum«. Doch Vorsicht: Die Brandung ist tückisch!

Adresse Forte de São Francisco Xavier, Praça de Gonçalves Zarco, 4100-274 Porto | ÖPNV Bus 205 Richtung Foz, Haltestelle Castelo do Queijo | Tipp Besuchen Sie auch die Festung Castelo do Queijo mit den Kasematten. Im Zentrum der Rotunde an der Avenida de Boavista steht die Reiterstatue von König João VI.

56 Das Rathaus

Der letzte Palast aus Granit

Das Rathaus thront am äußersten Ende der Avenida dos Aliados. Die imposanten Gebäude renommierter internationaler Bankhäuser, Hotels und Unternehmen, erbaut im Stil des Neoklassizismus und versehen mit Jugendstil- und Art-déco-Elementen an den Fassaden und Kuppeln, stehen Spalier. Die Krönung stellt jedoch der »Paços do Concelho« dar, das Rathaus mit seiner wuchtigen Präsenz.

Das letzte Gebäude aus Granit beschließt ein Jahrtausend Stadtgeschichte mit dem Baustoff, aus dem der gesamte historische Stadtkern erbaut wurde: dem Granit aus São Gens und Fafe.

Inspiriert vom pompösen neobarocken Baustil der Pariser Opéra Garnier, wartet das Rathaus von Porto mit einem 70 Meter hohen Turm auf, in dem ein Glockenspiel untergebracht ist. Dazu Veranden, Bogenfenster und reichlich Ornamentierung. Die Loggien werden von zwölf Karyatiden getragen, die symbolisch das Fundament der Stadt bilden und die wirtschaftlich wichtigsten Aktivitäten in Porto darstellen. Von links nach rechts sind das: Navigation, Fischerei, Landwirtschaft, Weinanbau, Hochbau, Industrie, Wissenschaft, Architektur, Skulptur, Malerei, Musik und Literatur. Die zentrale Veranda wird von zwei Atlanten gestützt. Die Allegorie setzt sich im Foyer fort mit Fresken, Fliesenpaneelen, Skulpturen und Gemälden, die die Freitreppe schmücken und von der Glorie Portos erzählen.

Im Foyer finden regelmäßig Ausstellungen zu aktuellen Themen statt. Auch von der Decke leuchten Fresken herab. Vor der Treppe aus schwarzem Marmor prangt das in Eisen geschmiedete Stadtwappen Portos. Mittig ist die Schutzheilige »Vandôma« mit Kind zu sehen, umgeben von zwei Wehrtürmen, geschmückt mit einer Auszeichnung des Militärordens und der Banderole für Tapferkeit, Wohlstand und Loyalität: »Antiga, Mui Nobre, Sempre Leal E Invicta Cidade Do Porto« ist darauf zu lesen, für die »mutige, loyale, stets nobel agierende und unbesiegte Bevölkerung von Porto«.

Adresse Câmara Municipal do Porto, Praça do General Humberto Delgado, 4000-407 Porto | ÖPNV Metro D, Haltestelle São Bento, Nordausgang, dann nach links und nach 100 Metern rechts | Öffnungszeiten werktags 9–17 Uhr | Tipp Flanieren Sie über den Platz – von der Büste des Literaten Almeida Garrett, der auch Botschafter und Außenminister war, bis zur Reiterstatue von König Pedro IV.

57 Die Rua Santa Catarina

Bitte bummeln!

Gemächlich ruckelt die Tramlinie 22 an der Clérigos-Kirche vorbei, fädelt sich durch das Verkehrsnadelöhr am Bahnhof São Bento, nimmt Anlauf und rollt die Straße des 31. Januar hinauf. Dort folgt sie den Straßenbahnschienen nach rechts und hält am Batalha-Platz. Ab hier flaniert man eineinhalb Kilometer durch Portos beliebte Fußgängerzone, die Rua Santa Catarina, die nach der Schutzheiligen Katharina von Siena benannt ist.

Hier sind sämtliche bekannten Modemarken zu Hause, dazu kommen zwei Shoppingcenter, das »Via Catarina« und das »La Vie«, sowie die Markthalle »Bolhão« plus die Geschäfte in den benachbarten Straßen. Da bleibt wirklich kein Wunsch offen. Extravagante Cafés säumen den Boulevard, es gibt Straßenhändler und Straßenmusik. Das legendäre Café Majestic brilliert mit seiner Jugendstilfassade, leider ist dort oftmals kein Tisch mehr frei. Macht nichts. Stetig frisch gebackene Brioches und Croissants in der »Confeitaria Aquarela« mit salziger oder süßer Füllung sind eine leckere Alternative.

Auffällig sind all die eleganten neoklassizistischen Fassaden mit ihren verspielten Jugendstilelementen. Sich diese schnurgerade verlaufende Bummelmeile als Schauplatz für Dreharbeiten vorzustellen, fällt nicht schwer. Tatsächlich wurde hier 1896 der erste portugiesische Kinofilm »Arbeiter verlassen die Fabrik« in der einstigen Hemdenfabrik »Camisaria Confiança« gedreht und im Kino Sá da Bandeira vorgeführt.

Das Highlight des Boulevards ist jedoch keine Boutique, es ist die Capela das Almas, die schon von Weitem mit ihren blau-weißen Azulejos winkt. Insgesamt 15.947 prachtvoll bemalte Fliesen erzählen auf 360 Quadratmetern Kirchenfassade von Franz von Assisi, Katharina von Siena und auch von Katharina von Alexandrien. Die Kapelle ist eine Oase der Ruhe und spiritueller Rückzugsort. In das eigene Ich, wie es Katharina von Siena einst ausdrückte.

Adresse 4000-153 Porto | ÖPNV Tram 22, Haltestelle Batalha | Tipp Besuchen Sie das »Coffee-House« der portugiesischen Kaffeemarke Delta oder die Eisdiele »Gelateria Lavoratta« mit verstecktem Innenhof.

58 Das Sá da Bandeira

Der einarmige Marschall

In Porto gedenkt man stolz aller Persönlichkeiten, die sich für die Loslösung vom monarchisch-imperialen Regierungsmuster eingesetzt haben. Einer davon war Bernardo de Sá Nougeira de Figueredo. Als Feldmarschall führte er die Liberalisten gegen die Absolutisten an. Er wird in ganz Portugal, aber besonders in Porto verehrt, nachdem er an der Spitze der Kavallerie dem Feind entgegenstürmte und die Fahne der Republik als Standarte der Liberalisten mit dem bloßen Armstumpf umklammert hielt. Die Hand hatte er zuvor in einer anderen Schlacht im Nahkampf mit einem Soldaten durch einen Schwerthieb verloren, die Elle musste bis zum Ellenbogen amputiert werden. Sein zur Schau getragener Wagemut, selbst einarmig weiter für freiheitliche Werte zu kämpfen und gar zu sterben, brachte ihm den Spitznamen »Flaggen-Sá« ein. Deswegen trägt die heutige Hauptverkehrsader seinen Namen: Rua de Sá da Bandeira.

Jahre später richtete ein spanischer Akrobat auf ebenjenem Kriegsschauplatz einen Zirkus ein, der bald einer Manege mit Tribüne aus Holz wich und »Teatro Circo« hieß. Das Rondell wurde jedoch abgerissen, ein neues wurde gebaut. Ende 1853 wurde das Bühnenhaus »Novo Teatro Circo« errichtet, mit 26 Logen, 100 Sitzplätzen im Parkett und 500 auf den Balkonen. Es war damals das einzige Theater, in dem man Zigarren paffen durfte.

Portos Innenstadt wuchs rasant, die Rua de Sá da Bandeira ging vom Bahnhof São Bento Richtung Norden am vorderen Theatereingang vorbei. Nach hinten wurde die Schaubühne nochmals aufgestockt und mit Logen auf zwei Etagen ausgestattet. Die renommierte Bühne, auf der seit 1858 namhafte nationale und internationale Stars wie Sarah Bernhardt, Julian Gayarre und Amália Rodrigues aufgetreten sind, heißt heute »Teatro de Sá da Bandeira« und zählt mit jährlich 200 Vorstellungen und 77.000 Zuschauern im historischen, original erhaltenen Saal zu den schönsten der Welt.

Adresse Rua de Sá da Bandeira 108, 4000-427 Porto, www.teatrosadabandeira.pt | ÖPNV Metro D, Haltestelle São Bento, Nordausgang, den Platz vor dem Bahnhof überqueren und der Hauptverkehrsstraße auf der rechten Seite etwa 400 Meter aufwärts folgen | Öffnungszeiten Ticketverkauf täglich 13–20 Uhr | Tipp An der linken Rückseite des Bahnhofs befindet sich das legendäre Lokal »Tapabento«. Im Bahnhof soll es künftig einen Zugang zu Portos unterirdischem Fluss »Rio da Vila« geben, der als Museum aufbereitet wird und kurz vor der Eröffnung steht.

59 Der São Bento

Die spukende Äbtissin

São Bento zählt zu den zehn schönsten Bahnhöfen der Welt. In dem über 100 Jahre alten Palast mit französisch geprägter Belle-Époque-Fassade vermählen sich Elemente der Renaissance mit Ecktürmen à la Schloss Fontainebleau. Das Gebäude hortet einen Schatz einzigartiger Fliesenkunst. Im Foyer des Verkehrsknotenpunktes erzählen seit 1920 auf über 500 Quadratmetern Wandfläche mehr als 20.000 von Hand bemalte Azulejos nach Entwürfen des Mestre der Fliesenkunst João Calaço historisch bedeutende Ereignisse. Dazu gehört die geschichtsträchtige Hochzeit zwischen König João I. und der englischen Prinzessin Filipa von Lencastre, die wandhoch abgebildet ist, ebenso wie Szenen aus dem Weinanbau am Douro.

Die insgesamt sechs Gleise sind von einer frei tragenden Stahlkonstruktion überdacht und mit Jugendstil-Laternen geschmückt. Früher wie heute muss jeder Nahverkehrszug durch den knapp einen Kilometer langen Tunnel rollen, der sich unter dem Stadtviertel Batalha durch den Granit fräst und an der Aussichtsterrasse Fontaínhas endet.

Entstanden ist der Sackbahnhof auf dem ehemaligen Klostergelände des Benediktinerordens, der auch der Namensgeber des Bahnhofs ist. Die Abtei sollte dem Bahnhof weichen und im Mai 1888 abgerissen werden. Doch als der Sprengmeister anrückte, im Schlepptau den Minister, stellte sich ihm die Äbtissin mutig in den Weg und sagte: »Entweder Sie sterben oder ich, aber abgerissen wird das Kloster, solange ich lebe, nicht.«

Und so geschah es. Der Minister trat zurück, das Projekt wurde aufgeschoben, die Äbtissin starb 1892. Erst nach ihrem Tod wurde die Abtei zeitgleich mit dem Tunnel gesprengt. Die Bahnlinie wurde 1896 eingeweiht, der Grundstein für den Bahnhofspalast 1900 gelegt und das Gebäude 1916 fertiggestellt. Ein wahrlich langer Weg. Eine Gedenkplatte erinnert heute an die sture Äbtissin, von der man sagt, ihr Geist spuke nach wie vor durch São Bento.

Adresse Estação Ferroviária de Porto – São Bento, Praça Almeida Garrett, 4000-069 Porto | ÖPNV Metro D, Haltestelle São Bento | Tipp Nehmen Sie sich einen Tag Zeit und unternehmen Sie einen Tagesausflug mit dem Nahverkehrszug nach Braga, Guimarães oder in das Venedig Portugals, nach Aveiro.

60 São João

Am Abend des 23. Juni steht Porto Kopf

Wer einmal die Nacht vom 23. auf den 24. Juni, den Tag Johannes' des Täufers, in Porto erlebt hat, vergisst dieses Ereignis nie mehr. Überall bauen die Menschen Grillstationen auf und grillen Sardinen auf offenem Feuer mitten auf der Straße. Der Verkehr ruht, die Arbeit sowieso. Ganz Porto macht sich bereit für das große Fest zu Ehren des Täufers.

São João ist Portos Schutzpatron. Schließlich hielt im 8. Jahrhundert das Christentum in Porto Einzug, und die Menschen ließen sich taufen. Das Königreich wurde mit einem Schwur dem Vatikan gegenüber gegründet. Die Reconquista hatte begonnen, der Glaube an den Vater, den Sohn und den Heiligen Geist wurde mit den portugiesischen Seefahrern in die Welt getragen.

Die Taufe hält Portugal und sein Volk zusammen, und somit verwundert es nicht, dass des Täufers Geburtstag alle Portuenser auf die Straße lockt. Man bricht das Brot, man teilt die heilige Speise Fisch miteinander und heißt die Sommersonnenwende mit allerlei Gebräuchen und Musik willkommen.

Früher schlug man sich an diesem Tag gegenseitig mit Knoblauchzwiebeln auf den Kopf, ein Brauch, der auf den gerissenen Kaufmann namens Alho (Knoblauch) zurückgeht und der dafür sorgen soll, dass das kommende Jahr Wohlstand beschert. Heute macht man das mit Plastikhämmerchen, die bei jedem Schlag heiser pfeifen. Auf den Fensterbrettern wird Basilikum mit winzigen Blättern aufgestellt, um böse Geister fernzuhalten, und die aufsteigenden, mit Teelichtern erleuchteten Ballons sollen Pech und Trauer forttragen. Zum Höhepunkt der Nacht startet ein Feuerwerk auf der Ponte Luís I, und Porto leuchtet 16 Minuten lang unter funkelnden Leuchtraketen. Doch erst Stunden später löst sich das Spektakel allmählich auf. Einzig die vom Mestre João Cutileiro kreierte, 700 Kilogramm schwere Marmorskulptur des São João am Brunnen »Fonte da Ribeira« bleibt zurück – und wacht über die Stadt.

Adresse Fonte de São João, Praça da Ribeira 9, 4050-551 Porto | ÖPNV Bus 403 Richtung Madalena, Haltestelle Elevador Guindais, von dort der Uferpromenade bis zum Brunnenplatz etwa 400 Meter folgen | Tipp Am Cais da Estiva starten die Ausflugsschiffe und laden zu einer einstündigen Fahrt auf dem Douro oder zu einem Tagesausflug bis nach Peso da Régua ein. Auch das Fährboot nach Vila Nova de Gaia legt hier ab.

61 Die Skulptur »O Porto«

Das wandernde Denkmal

Man sieht ihm an, dass er müde ist, der Krieger »O Porto«, der seine Stadt und die Werte seiner Heimat bis zu seinem Tod verteidigt hat. Das erste Denkmal zeigte ihn, wie er den in Granit gravierten Vertrag zur Gründung der Grafschaft »Portucale« mit den königlichen Insignien trägt. Und schon damals wechselte die Skulptur hin und wieder den Schauplatz.

Bereits das erste, bloß rudimentär in Stein geschlagene Bildnis spiegelte die kämpferischen Ambitionen der »Invicta Cidade« und ihrer Bürger wider und stand vor der einstigen und mittlerweile abgerissenen Kaserne an der alten Stadtmauer. Anno 1818 widmeten sich vier Bildhauer gemeinsam einem neuen Granitblock und meißelten diesem menschliche Züge ein.

Seitdem symbolisiert »O Porto« die Seele Portos, die sich treu bleibt, die stark wie ein Drache und zum Kampf bereit ist. Bewaffnet ist die Figur mit Lanze und Doppelschwert, ein Schild mit Portos Wappen ist am Fuß erkennbar. Das Antlitz scheint dennoch fragil. Die Züge der Steinmetzarbeit wirken entschlossen, gleichermaßen nachdenklich. Leicht verträumt richtet das Denkmal den Blick vom Giebel des alten Rathauses in die Ferne. Als könnte es über den Horizont hinausschauen, und wer weiß, vielleicht war das genau so vorgesehen. Ein Krieger, der bewusst Sieg oder Tod wählt, weiß, was passiert, sollte er scheitern.

So mag sich in Porto niemand vorstellen, was mit der Stadt passiert wäre, hätten die portugiesischen Truppen Napoleon oder die spanischen Invasoren, die englischen Piraten oder die maurischen Jihadisten nicht besiegt oder hätte König Pedro IV. nicht gegen den eigenen Bruder gewonnen. Die Skulptur erinnert auch an die Gefallenen, die wussten, wofür sie kämpften und starben. Man sieht der Skulptur an, dass sie den Preis für den Frieden kennt. Endlich steht »O Porto« nun da, wo das Denkmal hingehört: auf dem »Terreiro da Sé«, neben der Antiga Casa da Câmara an der Kathedrale.

Adresse Antiga Casa da Câmara, Terreiro da Sé, 4000-013 Porto | ÖPNV Metro D, Haltestelle São Bento, Südausgang, der Straße bergauf bis zur Kathedrale folgen | Tipp Besuchen Sie das Juwelier-Geschäft »House of Filigree« in der Parallelstraße Rua do Almada und bestaunen Sie die kunstvoll gearbeiteten filigranen Schmuckherzen aus Gondomar (Di–Sa 10–19 Uhr).

62 Das Straßenbahn-Museum

Das unsichtbare Wunder

Eine Fahrt in der historischen Tram ist wie ein kleiner Urlaub im Urlaub. Die Bahnen sind gelb, rot, grün oder beige lackiert und innen mit Holz ausgekleidet. Wer genau hinschaut, merkt, dass das Fahrgestell neu, der Aufbau restauriert, aber das Flair noch immer nostalgisch charmant ist. Die Signalglocke klingelt wie früher, die Bremsen kreischen, und der Sandkasten mit Streufunktion als Hilfe beim Vorwärtskommen auf regennassen Schienen hängt an der gewohnten Stelle im Lenkerstand. Auch der Stromabnehmer zur Oberleitung muss beim Richtungswechsel von Hand umgelegt und die Weiche mittels Schlüssel umgestellt werden, das Fallschutzgitter wird bei Dienstbeginn wie vor über 100 Jahren schon als Erstes ausgeklappt.

Derzeit gibt es drei Tramlinien in Porto: die Linie 1 nach Foz do Douro, die Linie 18 zur Universität und die Linie 22 nach Batalha. Die Fahrkarten kauft man bequem an Bord bei den stets auskunftsfreudigen Straßenbahnfahrern.

Porto strebte immer schon gen Zukunft. Als wäre der Sprung in das moderne Zeitalter ein Wettkampf gewesen, brüsten sich die Portuenser gern damit, dass diese Innovation in Porto geboren wurde und nicht in Lissabon. Inspiriert von der Pferdetramway in San Francisco rollte Portugals erstes öffentliches Transportmittel, der »Americano«, in Porto. Gezogen von Zugtieren, zirkulierte die Pferdebahn ab 1872 auf Schienen. 23 Jahre später wurde sie vom sogenannten »unsichtbaren Wunder«, der elektrisch betriebenen Straßenbahn, abgelöst.

Mit Strom waren die Portuenser bislang nicht oft in Berührung gekommen, Porto war damals noch nicht mit dieser neuen Technik erschlossen und die Elektrische deswegen eine Sensation. Im September 1895 nahm das »Carro Eléctrico« als erste elektrische Straßenbahn in Portugal Fahrt auf. In Madrid fuhren Trams erst ab 1900, in Lissabon ab 1901. 2020 feierte das Museum den 125. Geburtstag der Bahn.

Adresse Museu do Carro Eléctrico, Alameda de Basílio Teles 51, 4050-127 Porto | ÖPNV Tram 1, Haltestelle Museu Carro Eléctrico | Öffnungszeiten Fahrplan: täglich 9–19 Uhr; Tickets nur in der Bahn erhältlich | Tipp Die Rua Casal do Pedro führt durch das alte Massarelos-Viertel zu diversen Brunnen und über Kopfsteinpflaster bis zum »Jardim de Palácio do Cristal«.

63 Das Studio »Casa Alvão«

Die Hausnummer 120

Beinahe huscht man an dem schmalen Stadthaus mit der Hausnummer 120 in der legendären Einkaufsmeile »Santa Catarina« vorbei. Wer jedoch genauer hinschaut, entdeckt hier ein Fotogeschäft. Im ersten Stock wurden früher Passfotos geschossen, im Studio für Foto-Restauration bekommen heute antike Fotografien neuen Glanz oder werden digitalisiert. In der Dunkelkammer werden Schwarz-Weiß-Fotos entwickelt. Hier sind Fachleute am Werk. Denn das Studio »Casa Alvão« hat Tradition. Der Name gedenkt des Meisterfotografen Domingos Alvão, der es gegründet hat.

Sein Handwerk hat er bei dem renommierten sächsischen Meister Karl Emil Biel in Porto gelernt und in Madrid verfeinert. Als Startschuss seiner über 60-jährigen Karriere gilt die Foto-Dokumentation von 1887 über die Einweihung der doppelstöckigen Stahlbrücke »Dom Luís I« über den Douro und den gleichzeitigen Abriss der früheren Hängebrücke »Ponte Pênsil«.

Von da an fand kein politisches, städtisches oder privates Großereignis mehr ohne ihn und seine Kamera statt. Sein Lebenswerk und das seines Nachfolgers Azevedo halten in über 22.000 Fotografien ein Jahrhundert Stadtgeschichte fest. Ihr Kameraauge fing alle relevanten Geschehnisse in Porto zwischen dem Ende des 19. Jahrhunderts bis 1960 ein. Nichts und niemand entkam ihrem flinken Finger am Auslöser.

Von Alvão geschossene Porträts von Persönlichkeiten aus den verschiedenen Epochen Portugals zieren bis heute Regierungsgebäude und Paläste. Zu Lebzeiten mit internationalen Preisen ausgezeichnet, wurde Mestre Alvão 1943, drei Jahre nach seinem Ableben, mit der Ehrenrittermedaille des portugiesischen Christusordens gewürdigt. Der Alvão-Nachlass ist im Zentrum für Fotografie, dem »Centro Português de Fotografia«, im ehemaligen Gefängnistrakt archiviert. Ein anderer Teil des Fundus aus sechs Dekaden und ein Album der Stadtentwicklung werden in der »Casa Alvão« gezeigt.

Adresse Fotografia Alvão – Azevedo & Fernandes Lda., Rua de Santa Catarina 120, 4000-450 Porto | ÖPNV Tram 22, Haltestelle Marcolino | Tipp Gleich neben dem Studio liegt das berühmte Künstler-Café »Majestic«.

64 Die Synagoge

Der portugiesische Dreyfus

Artur Carlos de Barros Bastos war noch ein Kind, als er von seinen jüdischen Wurzeln erfuhr. Mit jugendlicher Neugier vertiefte er sich in die Geschichte der Juden in Portugal und nahm sich vor, die sogenannten Krypto-Juden zu ihrer Religion zurückzuführen. Kein einfaches Unterfangen für den liberal geprägten Bastos, der am 5. Oktober 1910 die Flagge der Republik nach dem Sturz der Monarchie auf dem Balkon des Rathauses hisste.

Sieben Jahre später rief der Erste Weltkrieg den Offizier an die Front. Blutige Schlachten hat er erlebt, was seinen Blick auf das Heldentum veränderte. In Frankreich lernte er die Kultur seiner jüdischen Vorfahren kennen, in Tanger bestand er das Aufnahmeritual und erhielt den Namen Abraão Israel Ben Rosh. In Lissabon lernte er seine jüdische Ehefrau kennen und kehrte mit ihr nach Porto zurück, wo er sich intensiv der Vision einer neuen israelischen Gemeinde widmete. Hierfür gründete er ein theologisches Institut sowie eine jüdische Zeitschrift und legte selbst Hand an bei der Grundsteinlegung der künftigen Synagoge, die mit finanzieller Unterstützung der Familie Kadoorie und anderen 1937 fertiggestellt und 1938 eingeweiht wurde. Als in Nazi-Deutschland bereits Synagogen angezündet und Juden verfolgt und getötet wurden, erhielten in der neuen Glaubensstätte in Porto Juden Zuflucht und Hilfe von der neu gegründeten Gemeinde.

Mit dem Bau der Synagoge und der Aufnahme jüdischer Flüchtlinge zog Bastos den Unwillen der Schergen der Salazar-Diktatur auf sich, was darin gipfelte, dass ihm Homosexualität angedichtet wurde und er unehrenhaft aus dem Militärdienst entlassen wurde. Doch der Glaube versetzt bekanntlich Berge. Bastos' Anliegen brachte ihm den Spitznamen »portugiesischer Dreyfus« ein und bescherte Porto die größte Synagoge der Iberischen Halbinsel, die für die israelische Gemeinschaft »L'Chaim« (Auf das Leben) ein Zuhause darstellt.

Adresse Sinagoga Kadoorie Mekor Haim, Rua de Guerra Junqueiro 340, 4150-386 Porto | ÖPNV Bus 204 Richtung Foz, Haltestelle Planetário | Öffnungszeiten Synagoge mit jüdischem Museum auf Anfrage im Rahmen einer geführten Tour zu besichtigen, Anmeldung per E-Mail an tourism@comunidade-israelita-porto.org | Tipp Besuchen Sie außerdem das von der israelischen Gemeinde in Porto geführte Holocaust-Museum.

65 Das Timtimportimtim

Willkommen im Comic-Paradies

Sogar Andy Warhol hat ihn porträtiert: Hergé, den Erfinder und Erschaffer der weltberühmten Comicfigur »Tim«. In Brüssel, der Stadt seines Wirkens, ist ihm und seinem Lebenswerk ein eigenes Museum gewidmet. Die Fangemeinde von »Tim & Struppi« verteilt sich rund um den Erdball, auch in Porto schart sich ein Zirkel Eingeweihter um eine Buchhandlung, die einzig Literatur der Neunten Kunst anbietet: Comics.

Alberto Gonçalves ist der Besitzer der Bücherstube »Livraria Timtimportimtim«, in der man alles rund um die Hergé-Figur findet. Ein Name mit zweifacher Bedeutung: »Timtim por timtim« sagen die Portugiesen, wenn man Münzen einzeln klaubt oder wenn man so genau ist, dass man sogar Erbsen zählt. Die Namensfindung, sagt Alberto, sei eine Kombination aus dem Namen »Tim« und dieser Redewendung gewesen. Wochenlang habe er nach einem geeigneten Label gesucht, bis der Groschen im wahrsten Sinne fiel.

Angefangen habe alles, weil Albertos Wohnung bereits aus allen Nähten geplatzt sei. Comic-Hefte stapelten sich überall, viele doppelt und dreifach. Nebenan war ein kleines Lager frei, dort bot er seine Hefte an. Im Nullkommanichts sprach sich sein Angebot in der Comic-Szene herum, und nach nur sechs Monaten zogen Alberto und sein bibliografischer Schatz in das bis heute bestehende Geschäft um.

Als Exklusivhändler für Hergé-Merchandising-Produkte von »Tintin«, wie Tim hierzulande heißt, hat Alberto alle Hände voll zu tun. Dazu kommen Originalausgaben und übersetzte Ausgaben bekannter Comicstrips aus den USA, aus Brasilien, Italien, Portugal und England. Die Nachfrage ist enorm. Und Alberto liefert immer. Kurioserweise ist er selbst weder Autor noch Illustrator, nicht einmal Hobbykünstler, sondern promovierter Mathematiker. Sein Faible für Comic-Literatur hat er zum Beruf gemacht und in seiner Buchhandlung zusätzlich einen Bereich für klassische Jugendliteratur eingerichtet, die emsig frequentiert wird.

Adresse Livraria Timtimportimtim, Rua da Conceição 27–29, 4050-392 Porto | ÖPNV Metro D, Haltestelle Aliados, am Rathaus links in die Rua do Dr. Ricardo Jorge abbiegen, dem Straßenverlauf etwa 400 Meter bis in die Rua da Conceição folgen, Buchhandlung auf der linken Seite | Öffnungszeiten Mo–Fr 10–19 Uhr, Sa 10–12.30 und 15–18 Uhr | Tipp Im traditionellen Teehaus »Aviz« in der Rua do Conde de Vizela erlebt man Portos Mittagstisch-Kultur pur.

66 Der Torre de Pedro-Sem

Der Ohne-Peter

Der Torre de Pedro-Sem ist eine echte Überraschung. Der Turm stammt aus dem späten Mittelalter, steht 20 Meter hoch an einer Ausfallstraße und erinnert durch seine Zinnen an einen Wachturm. Das monströse Bauwerk mit den hübschen Spitzbogenfenstern und Zinnen ist das einzige monumentale Überbleibsel der Festung am ehemaligen Westtor, die Portos Innenstadt auf dem Hügel, von dem aus man einen herrlichen Ausblick auf die Douro-Mündung hat, sicherte.

In den Turm zog eines Tages ein vermögender Kaufmann ein. Sein Name lautete Pedro-Sem. Das war keineswegs sein Nachname, sondern ein Spitzname, denn Senhor Pedro war zwar reich, zudem war er Pfandverleiher sowie Besitzer mehrerer Handelsschiffe und unterhielt Handelsbeziehungen bis nach Indien, doch die Aristokratie wollte nichts von ihm wissen. Das Königshaus ebenso wenig. Die erhoffte Ernennung zum Gouverneur, Grafen oder wenigstens Baron blieb trotz seines Einflusses beim indischen Großmogul aus.

Ein Wucherer soll Senhor Pedro außerdem gewesen sein, heißt es, der erbarmungslos Zinsen eintreiben ließ. Einem besonders säumigen Schuldner soll er die aufgelaufenen Raten plus Zinsen erlassen haben, als dieser ihm seine Tochter zum Tausch anbot. Senhor Pedro willigte ein, heiratete die Tochter gegen ihren Willen und veranstaltete ein rauschendes Fest. Alles, was Rang und Namen hatte, wurde eingeladen, doch ein Graf wurde Pedro wieder nicht. Darüber erzürnt, bat er den Schöpfer, als seine Flotte voll beladen mit kostbaren Gütern aus Indien zurückkehrte und auf dem Douro segelte, ihn doch zu adeln. Die Antwort aus dem Himmel kam prompt: Ein Wirbelsturm versenkte die Flotte samt kostbarer Güter. Senhor Pedro blieb mittellos, was ihm den Spitznamen »Pedro-Sem« (Ohne-Peter) eingebracht hat. Betteln musste er gehen, und die Leute sagten mitleidig: »Schau, der Pedro, früher besaß er alles, jetzt besitzt er nichts mehr.«

Adresse Rua da Boa Nova 51, 4050-343 Porto | ÖPNV Bus 200 Richtung Boavista, Haltestelle Palácio, Turm in Sichtweite | Tipp Das Denkmal für die Steinmetze, das »Monumento ao Pedreiro«, steht als Hommage an die manuelinische Steinmetzkunst hinter dem Kinderkrankenhaus Centro Materno Infantil do Norte.

67 Der Torre dos Clérigos

Musik zwischen Himmel und Erde

Übersehen kann man ihn nicht. Der monumentale Glockenturm aus Granit, der in perfektem Barockstil errichtet wurde, ragt weit über die Dächer Portos hinaus. Auf die Aussichtsterrasse in 75 Meter Höhe neben dem Park João Chagas gelangen Besucher, nachdem sie 225 Stufen erklommen haben. Der Aufstieg lohnt sich: Das Rundum-Panorama ist einmalig und reicht über die Dächer Portos zu den Kellereien in Vila Nova de Gaia am gegenüberliegenden Douro-Ufer und weiter bis zum Meer.

Nicht nur der Glockenturm ist ein kunsthistorischer Hingucker, der gesamte Gebäudekomplex mit Kirche und einstigem Krankenhaus für Ordensangehörige ist ein monumentales Bilderbuch in Granit, gestaltet nach den Plänen eines Visionärs. Nicolau Nasoni, gebürtiger Italiener, Maler und Architekt, hat das Ensemble an der steilen Straße entworfen. Ein Prachtstück des Spätbarock, dekoriert mit naturalistischen, lasziven und phantastischen Figuren, umgeben von den Motiven der Sakralkunst, die Himmel und Erde vereinen.

Doch zuerst musste Nasoni das Problem der Steigung lösen. Das gelang ihm auf sehr eigenwillige Weise, was den Klerus und die Portuenser gleichermaßen überraschte. Das Kirchenschiff ist ellipsenförmig erbaut, getragen wird das ovale Gebäude mit Kuppel und Vorderfront von sechs Grundpfeilern; es ist die einzige ovale Kirche Portugals.

Auf der Empore des mit goldenen Altarretabeln ausgestatteten Innenschiffs ragen die Pfeifen von zwei Orgeln mit zusätzlichen Trompetenpfeifen empor, die seit 1779 an hohen Feiertagen gleichzeitig bespielt werden, eine davon erklingt jeden Mittag um Punkt zwölf Uhr. Dann lädt die Clérigos-Bruderschaft zum Orgelkonzert ein. Kurz zuvor hört Porto noch ein anderes Musikspiel: Das Turmgeläut animiert zum Innehalten und Lauschen. Das Glockenspiel verbinde Himmel und Erde, Geist und Emotion, sagt der Glöckner und Organist. Und wer ganz genau hinhört, spürt, was gemeint ist.

Adresse Rua de São Filipe de Nery, 4050-546 Porto | ÖPNV Bus 207, Haltestelle Cordoaria, Glockenturm in Sichtweite | Öffnungszeiten täglich 9–19 Uhr; Eintritt in die Kirche und Konzert gratis, Turmbesteigung kostenpflichtig | Tipp Die weltberühmte Art-déco-Buchhandlung »Livraria Lello« liegt zwei Minuten entfernt.

68 Das Velódromo

Die Radrennbahn der Königin

Fahrradfahren ist ein Breitensport. Heutzutage. Im 19. Jahrhundert zählte Sporttreiben zu den elitären Freizeitbeschäftigungen und war der Aristokratie und dem gehobenen Bürgertum vorbehalten. Bei Hofe, im Paço Real do Porto, vergnügten sich Königinnen und Könige samt Hofstaat beim Tennisspiel – oder beim Fahrradfahren im Garten des ehemaligen »Palácio dos Carrancas«. Das Areal bot schließlich ausreichend Platz für den Radsport. Das dachte König Carlos auch und vermachte das Terrain dem örtlichen Radclub, der eine dem internationalen Standard entsprechende, 333,3 Meter lange Radrennarena mit erhöhter Kurvenlage anlegte, umrahmt von einer Tribüne, die 25.000 Zuschauern Platz bot. Hier fand im März 1894 das Auftaktrennen statt, während der König mit seiner Familie in Porto weilte, um am 4. März an den 500. Geburtstag von Heinrich dem Seefahrer zu erinnern.

Die Freizügigkeit belohnte der Radclub mit der Taufe der Radrennbahn auf den Namen der Königin, die seitdem »Velódromo Maria Amélia« heißt, und einem Ehrenpräsidententitel für den König. Zu Beginn des 20. Jahrhunderts wurde auf der Piste das erste Motorradrennen Portugals veranstaltet, gefolgt von etlichen Wettkämpfen auf zwei Rädern. Bis 1908 weilte Ihre Majestät hin und wieder in Porto und beehrte das herbeieilende Volk mit ihrer Anwesenheit.

Der Palast der Royals verlor mit dem Sturz der Monarchie 1910 seine Bedeutung, die Radrennbahn im Gartenpark schloss 1932, das Gebäude gelangte in Staatsbesitz. Das einstige, bereits 1833 gegründete städtische Museum zog in den Palast um, wurde zum ersten Museum Portugals für Kunstschätze aller Art umfunktioniert und im Jahr 1942 eröffnet.

Die Radrennbahn geriet in Vergessenheit. Mittlerweile ist sie wieder zugänglich und lädt Besucher nach ihrem Rundgang im »Museu Nacional de Soares dos Reis« zu einem entspannten Abschluss im Skulpturenpark ein.

Adresse Zugang über das »Museu Nacional de Soares dos Reis«, 4050-381 Porto | ÖPNV Bus 302, Haltestelle Hospital de Santo António | Öffnungszeiten Di–So 10–18 Uhr | Tipp Beim E-Bike-Fahrradverleih im »50 Rebels Bikes and Rentals« um die Ecke in der Rua de Júlio Dinis 86 kann man E-Bikes ausleihen und damit Porto erkunden.

69_Vímara Peres

Der erste Feudalherr

Der Fußweg zur romanischen Kathedrale Sé do Porto führt vom Bahnhof São Bento bergauf, am Relikt des Fischmarkts von São Sebastião vorbei, einem Stadtviertel von Porto, das sich am Steilhang unter den Dom und den Bischofspalast mit einem Labyrinth aus dunklen Gassen duckt. Menschliche Studien kann man hier einige betreiben, so begegnet man zum Beispiel der Hüterin der Katzen, die im Vorübergehen vor Dieben warnt. Direkt an der Kathedrale ist die Tourismuszentrale untergebracht, an dem Platz davor laden urige Cafés zum Verweilen ein. Mit Blick von der Terrasse vor dem Pranger breiten sich Porto und Vila Nova de Gaia aus.

Der Weg zum Dom führt vorbei an einem Reiterdenkmal. Durch seine Größe und seine Präsenz an dieser geschichtsträchtigen Stelle wirkt es Respekt einflößend. Im Gegenlicht betrachtet, könnte man fast glauben, das Ross schnaufen und das Schwert des Ritters rasseln zu hören, so lebensecht wirkt die Statue. Für einen Moment scheint das Mittelalter zurückgekehrt, als Vímara im Auftrag des Königs von Asturien und des Bischofs von León die Grafschaft »Portucale« 868 aus den Händen der Mauren zurückerobert, Porto als Feudalherrschaftssitz eingerichtet und ein Lehenssystem aufgebaut hat.

Dem Ritter verdankt die Region zwischen den Flüssen Douro und Minho die Befreiung von der muslimischen Besetzung. Als Dank für den Sieg überschrieb Vímara seinen treuen Offizieren Liegenschaften, die dafür zusammen mit ihren Untertanen den Treueschwur leisten mussten.

Portugals erster König Afonso Henriques führte den Rückeroberungszug von damals fort. Er erneuerte den Lehensschwur vor dem Papst, gründete eine eigene, von Kastilien unabhängige Ritterrunde, rief zum Kampf gegen den Islam auf und 1143 das Königreich Portugal aus, dessen Name sich von »Portucale« ableitet. Salvador Barata Feyo schuf 1968 das Reiterdenkmal zum Andenken an Vímaras Sieg 1.100 Jahre zuvor.

Adresse Calçada de Vandoma, 4000-013 Porto | ÖPNV Metro D, Haltestelle São Bento, Südausgang, der Straße bergauf bis zur Kathedrale folgen | Tipp Besuchen Sie die Kathedrale mit Kreuzgang und Bischofspalast. Aus dem Fenster des oberen Audienzsaals hat man den allerbesten Ausblick auf die Ponte Dom Luís I und das gegenüberliegende Kloster Serra do Pilar.

70 Die Vitória-Treppe

Das Kreuz der Neu-Christen

Während die Reconquista in Portugal längst beendet war, tobte der Krieg zwischen Christentum und Islam im heutigen Spanien weiter. Tausende sephardische Juden fanden in Porto Zuflucht. Sie brachten handwerkliches und kaufmännisches Geschick mit. Die Stadt hieß sie willkommen und stellte ihnen den Hang »Morro do Olival« zur Bebauung zur Verfügung. Der einstige »Monte dos Judeus« besticht bis heute mit mittelalterlich anmutenden Häusern. Schmal, hoch und aus Granit gebaut, mit Mini-Balkonen und Butzenfenstern, im Erdgeschoss waren die jeweiligen Gewerbe untergebracht. Diese Bauweise setzt sich im angrenzenden Miragaia fort und hinterließ im Hafenviertel eine Reihe historischer Spuren, die von der Geschichte der jüdischen Bevölkerung erzählen und Porto sein charakteristisches Gesicht verleihen.

Die Stadtmauer wurde seinerzeit gen Mündung erweitert und fasste das jüdische Viertel mit ein. Überbleibsel davon stehen in der Rua de São Miguel und in der Rua da Vitória sowie vor dem Familiengericht. Der jüdische Friedhof befand sich am heutigen Jardim do Passeio das Virtudes. Die Rua do Monte dos Judeus heißt heute noch so und begrenzt das Viertel gen Westen.

Die Treppe »Escadas da Vitória« verbindet also den Gipfel mit der Unterstadt, wurde früher »Escadas da Esnoga« genannt und führte zur Synagoge, wo heute die Kirche Nossa Senhora da Vitória thront. In Türstöcke graviert erspäht man beim Vorübergehen diverse Symbole: »A Câmara« bedeutet, dass der Bewohner die Pachtsteuer an die Stadt zahlen musste, »São Miguel«, dass man die Miete als Kirchenscherflein an die lokale Pfarrei entrichtete. Wappen aristokratischer Familien prangen an Hauseingängen und oftmals auch nur ein simples Kreuz. Damit markierte man während der Judenverfolgung Häuser, in denen Angehörige des jüdischen Glaubens lebten, die aus Angst vor der Inquisition zu sogenannten Neu-Christen konvertiert sind.

Adresse Miradouro da Vitória, 4050-542 Porto | ÖPNV Endstation Tram 18, durch den Park »Cordoaria« zum Museum für Fotografie, am Ende des Gebäudes links in die Travessa de São Bento, weiter rechts in die Rua Vitória, Gasse endet am Aussichtspunkt »Miradouro da Vitória«, Beginn der Treppe unterhalb davon | Tipp Das Kloster Mosteiro de São Bento da Vitória besticht durch seinen kunstvoll überdachten Kreuzgang und einen beeindruckenden Kirchenschatz. Ein Meisterwerk des Klassizismus.

71__Die Wasserwerke

Portos Brunnen-Wald

Der neue Park im Osten der Stadt ist eigentlich ein alter Park, denn das Landgut »Quinta de Oliveira« mit Herrenhaus im Stadtteil Bomfim hoch über dem Douro blickt zurück auf über 150 Jahre Geschichte. Der Gründer der Quinta war ein Baron namens Nova Sintra, ein Brasilien-Rückkehrer, der auf dem Anwesen einen Ort für humanistische Lehren schuf, den er Straßenkindern zugänglich machen wollte.

Für seine Großzügigkeit von König Luís I. geehrt, wurde die Schule zwar eröffnet, aber kurz darauf wieder geschlossen, und das Gehöft mit Park wurde an den britischen Geschäftsmann Reid veräußert. Von da an hieß das Anwesen »englischer Hof«, bis die Reids es an die Portuenser Juweliere »Almeida Miranda & Companhia« verkauften. Der FC Porto interessierte sich auch für den Park als Trainingsgelände, lag er doch ganz in der Nähe ihres damaligen Fußballstadions »Antas«. Doch der Verkauf kam nie zustande, die Stadtverwaltung konfiszierte den Besitz kurzerhand und etablierte dort die erst kürzlich gegründeten Wasserwerke »Companhia das Águas«.

Im Zuge der Sanierung des Wasserleitungssystems wurden hier die zentrale Wasserversorgungsstation und die Abwasserstation eingerichtet und in Betrieb genommen. In den folgenden 30 Jahren wurden Portos Oberstadt und Unterstadt erschlossen und an das neue öffentliche Leitungsnetz angeschlossen.

Die alten, schmuckreich ornamentierten Brunnen aus Granit hatten ausgedient. Abreißen wollte sie jedoch niemand, deswegen zogen die teilweise über 400 Jahre alten Wasserspender in den Parque de Nova Sintra um. Dort plätschern sie heute lose verteilt, umgeben von Blumenbeeten und Bäumen, und ihre Namen erzählen, wo sie früher einmal gestanden haben. Ein bunter Straßenmarkt, erholsame Spaziergänge und Musik unter freiem Himmel locken Touristen und Einheimische zum Lustwandeln in den historischen Brunnen-Wald zu Springbrunnen und Skulpturen.

Adresse Rua do Barão de Nova Sintra, 285, 4300-367 Porto | ÖPNV Metro A, B, C, E, F, Haltestelle Heroísmo, der Rua do Barão de Nova Sintra bis zum Park folgen | Öffnungszeiten Mo–Fr 10–18 Uhr, Sa, So 9–19 Uhr | Tipp Irene Vilars Skulptur »Universo« vor dem Wasserwerk und das »Self-Porträt« im Park sind integriert in eine von insgesamt fünf Urban-Art-Routen zwischen dem Brunnen-Wald und Foz.

72 Die Wurzel Jesse

Spross aller Hoffnung

Als Gast des in Porto ansässigen englischen Kaufmanns James Joseph Forrester reiste der preußische Kunsthistoriker und Graf Athanasius von Raczynski etliche Male nach Portugal und durch das gesamte Land. Überall entdeckte er außerordentliche Kunstschätze, von denen in Mitteleuropa am Ende des 19. Jahrhunderts niemand oder nur wenige etwas ahnten: in Städten und Dörfern, Kirchen und Museen, auf Plätzen und in Palästen.

Angesichts der überbordenden manuelinischen Ornamentierung des Hieronymus-Klosters in Lissabon geriet er sehr ins Schwärmen, seine Begegnung mit Bildern von Francisco de Holanda in Évora, mit Werken von Grão Vasco in Viseu und Skulpturen von Machado de Castro in Coimbra sowie den Monumentalbauten romanischer und gotischer Baukunst in Alcobaça, Batalha, Braga und Porto entzückten ihn vollends und füllen einen bibliografischen Schatz mit dem lautmalerischen Titel »Les Arts En Portugal« auf über 550 Seiten mit Kunstraritäten aus Portugal.

Leider schrieb er das Buch auf Französisch, der damals bevorzugten Sprache der Adligen. »Très heureux« mache ihn der Anblick, schrieb der kunstbesessene Graf in sein Tagebuch im Kapitel »Rundgang durch Porto«, und dass die Vergoldung in der Kirche des »São Francisco« das Schönste sei, was er je in seinem Leben gesehen habe. Es komme ihm vor, als trete man ein in paradiesisches Licht.

Die Wurzel Jesse veranschaulicht, wie aus dem Nabel des Ur-Vorfahren von Jesus Christus Zweige mit Ikonen der zwölf Nachfahren von König David von Juda sprießen, gekrönt von der Heiligen Jungfrau Maria mit dem Jesuskind auf dem Arm. Der Stammbaum, auf dessen Ahnen das Christentum und seine Werte aufbauen, klettert meterhoch an der Wand des Kirchenschiffs empor. Meisterhaft geschnitzt und vergoldet, ein wahrhaftiger Altar der Hoffnung, der geradezu dazu einlädt, darum zu bitten, dass der Spross der Liebe, Wohltätigkeit und menschlichen Milde niemals verwelke.

Adresse Igreja de São Francisco, Rua do Infante Dom Henrique, 4050-297 Porto | ÖPNV Bus 906 Richtung Madalena, Haltestelle Ribeira, von dort der Rua do Infante Dom Henrique etwa 120 Meter bis zur Kirche folgen | Öffnungszeiten Winter 9–18 Uhr, Frühling und Herbst 9–19 Uhr, Sommer 9–20 Uhr | Tipp Fahren Sie mit der historischen Straßenbahn »Infante« (Linie 1) am Douro-Ufer entlang bis zur Mündung in Foz do Douro. Etwa 400 Meter flussabwärts liegt der Brunnenplatz »Fonte dos Hulsenbos« mit Porträtkunst von Daniel Eime, umgeben von urigen Kneipen.

73 Die Filigraneiros

Die Weltmeister des Filigranschmucks

Gondomar trägt den Titel »Hauptstadt der Goldschmiedekunst«, denn in dem flussaufwärts gelegenen Vorort von Porto werden 60 Prozent aller Schmuckstücke von Portugal hergestellt. Sogenannte »Filigraneiros« haben hier vor 200 Jahren das Goldschmiedehandwerk verfeinert. Aus Edelmetallfäden mit 0,22 Millimetern Durchmesser formen die Meister der filigranen Goldschmiedekunst winzige Ösen, Spiralen und Schlaufen, die sie anschließend zu Schmuckstücken verflechten. Das Ergebnis sind hauchdünn gearbeitete Geschmeide. Broschen, Diademe, Armreife, Ringe, Ohrringe sowie königliche Garderoben, kostbare Korsetts, gar Dekor wurden von den Meistern zu einzigartigen Prestigeobjekten verflochten. Ihr Markenzeichen ist die Herzform.

Die acht Goldschmiede, die diese Kunst heute noch beherrschen und sie genauso wie vor 200 Jahren ausführen, arbeiten teilweise bereits in der sechsten Generation. Ihre Werkstätten sind bei ihnen zu Hause untergebracht. Ihr Fachwissen sowie die gesammelten Entwürfe stecken in einem sogenannten »verschlossenen Buch«, das sie einzig dem Werkstatt-Nachkommen übergeben, der die Tradition weiterführen soll.

Mit den »Filigraneiros« entstand in Gondomar ein lokales und gleichzeitig nationales Kulturerbe, das sich um eine Ernennung zum Immateriellen Weltkulturerbe bemüht.

Im Schmuck-Museum in der geschichtsträchtigen »Casa Branca de Gramido« lernen Besucher jeden einzelnen Arbeitsschritt der Goldflechtkunst kennen und können auf der »Rota da Filigrana« die Werkstätten von Gondomar besuchen. Das größte Juwel misst über einen Meter, wiegt 13 Kilogramm und war im Portugal-Pavillon auf der Expo in Dubai 2018 ausgestellt. Fabriken gibt es hier keine, dafür jede Menge Nachahmer, die die Ketten mit Herzanhängern in Blech gepresst billig auf den Markt werfen. Erst das lokale Gütesiegel garantiert ein authentisches, filigranes Kunstwerk aus Gold aus Gondomar.

Adresse Museu Municipal da Filigrana de Gondomar, Travessa Convenção de Gramido 41, 4420-161 Gondomar-Valbom | **ÖPNV** mit dem Stadtzug von São Bento nach Campanhã, von dort weiter mit dem Taxi nach Gondomar/Valbom | **Öffnungszeiten** Di–Sa 10–13 und 14–18 Uhr | **Tipp** Nehmen Sie sich Zeit für Valbom. Am Douro können Sie spazieren gehen, paddeln, bei schönem Wetter baden oder sich kostenlos gegenüber dem Museum Fahrräder ausleihen und auf der »Ciclovia« am Fluss entlangradeln.

74__Der Bom Jesus

Die Skulptur mit nur einem Arm

Es sind die Augen, die den Betrachter in ihren Bann ziehen. Sie schielen in getrennte Richtungen. Festgehalten wurde der Moment, als Jesus Christus starb. Nikodemus, der Wächter der Gekreuzigten, habe ihn beim Übertritt vom Diesseits ins Jenseits beobachtet, heißt es. Der miterlebte Todeskampf habe ihn nicht mehr losgelassen, und so habe er damit begonnen, Skulpturen zu schnitzen, um diesen letzten Moment bildlich zu verewigen. Während der Christenverfolgung landeten jedoch vier seiner Figuren in Judäa im Mittelmeer. Die Gezeiten trugen sie nach Syrien, Italien und Galicien, und sein Erstlingswerk, so die Überlieferung, strandete im Leça-Fluss in Matosinhos. Eine Bäuerin fand die Skulptur, die nur einen Arm hatte, sie wurde in die Kapelle von Bouças gebracht.

Etwa ein halbes Jahrhundert später sammelte eine andere Bauersfrau am Leça Holz. Als sie den heimischen Ofen damit anheizen wollte, versprühte ein Scheit Funken, doch zünden wollte er nicht. Die taubstumme Tochter der Bäuerin deutete aufgebracht immer wieder auf das Stück Holz. Die Mutter verstand nicht, doch dann fiel der Groschen. Der Scheit! Es war der fehlende Arm des »Bom Jesus de Bouças«.

Wieder intakt, zog die Skulptur im 18. Jahrhundert aus der halb verfallenen Kirche der Abtei Mosteiro de Bouças in die von Nicolau Nasoni gebaute, mit zwei Glockentürmen ausgestattete Barock-Kirche »Igreja de Bom Jesus de Matosinhos« um. Der Hochaltar wurde mit Gold überzogen, und »Bom Jesus« bekam eine neue Andachtsstätte, zu der am 11. Juni alljährlich wieder Hunderttausende Gläubige aus aller Welt zur Prozession mit Feuerwerk pilgern.

Obwohl die jetzige Jesus-Ikone auf das 12. Jahrhundert datiert wurde, scheint der Augenblick, den Nikodemus einst festgehalten haben soll, auf dem Gesicht des Gekreuzigten erhalten geblieben zu sein. Ein Auge schaut traurig auf das Irdische, das andere selig dem Göttlichen entgegen.

Adresse Rua Silva Cunha 107, 4450-222 Matosinhos | ÖPNV Metro A Richtung Senhor de Matosinhos bis zur Endstation, von dort 450 Meter zu Fuß Richtung Pfarrzentrum und Friedhof | Öffnungszeiten Mo, Mi, 9–16.30 Uhr, Di, Do, Fr, Sa 9–19 Uhr, So 9–12.30 Uhr | Tipp Im »Parque 25 de Abril« erzählen wandhohe Fliesenpaneele die Legende vom »Bom Jesus de Matosinhos«.

75 Die Casa Abel Salazar

Das unermüdliche Multigenie

Von Natur aus freiheitsliebend, humanistisch geprägt sowie mit einer starken Persönlichkeit ausgestattet, hatte Abel de Lima Salazar ein turbulentes Leben. Frisch promoviert, gründete er die Medizinische Fakultät Porto und widmete sich exzessiv der Erforschung der weiblichen Eizelle. Als wollte er in die genetische Struktur des Seins und Werden hineinkriechen, zerlegte er Gewebeproben unter dem Mikroskop, doch seine Analysen endeten jeweils an den Membranen. Während er darüber nachgrübelte, wie man das Hindernis überwinden könnte, fand er die Lösung ausgerechnet in seiner Teilzeit-Passion, der Kunst: Er wollte Zellwände wie Trennlinien zwischen zwei Farbnuancen einfärben und so sichtbar machen.

Etliche Jahre später kam der Durchbruch. Mittels Tannin-Einfärbung entwickelte Abel eine bahnbrechende Methode für die Gewebeanalyse und stellte damit weltweit die Weichen für die Onkologie.

Neben seiner Berufung zum Forscher begehrte das medizinische Multigenie unermüdlich gegen das totalitäre Regime unter seinem Namensvetter António de Oliveira Salazar auf, mit dem er jedoch nicht verwandt war. Hierzu versammelte Abel gleichgesinnte Intellektuelle um sich und kämpfte leidenschaftlich, manchmal auch polemisch in diversen Publikationen gegen die Diktatur und den Katholizismus. Daraufhin wurde die Forschungsprämie für sein Projekt gestrichen, und Abel wurde als Staatsfeind eingestuft. Da er den Wahlkampf zur Parlamentswahl 1945 an der Seite der Demokratischen Bewegung unterstützte, wurde er postwendend vom Lehrdienst suspendiert.

Still wurde es deswegen dennoch nicht um ihn. Nach Jahren im Exil kehrte er nach Portugal zurück und widmete sich fortan der Kunst und Literatur, um seine Kritik an der menschenverachtenden Politik in seinem Land zum Ausdruck zu bringen. Ein Politiker sei er jedoch nie gewesen, stellte er in seinen Memoiren klar, sondern ein Freigeist.

Adresse Rua Dr. Abel Salazar, 4465-012 Matosinhos-São Mamede de Infesta | ÖPNV Bus 600 Richtung Maia, Haltestelle Abel Salazar | Öffnungszeiten Mo–Fr 9.30–13 und 14.30–18 Uhr, Sa 14.30–17.30 Uhr | Tipp Die Büste von Abel de Lima Salazar an der Avenida do Conde stammt von der berühmten Bildhauerin Irene Vilar. Im »Jardim do Carregal« in Porto steht ein Denkmal für Abel Salazar von Hélder de Carvalho.

76 Der Corredor Verde do Leça

Der grüne Korridor

Über den Fluss Leça führen unzählige Brücken, früher gab es jedoch nur eine, die sogenannte »steinerne Brücke«, die Ponte da Pedra. Charakteristisch ist ihr Bogen, der an römische Brücken erinnert. Die jetzige stammt aus dem 11. Jahrhundert, die ursprüngliche Brücke war 1.000 Jahre älter und verband die römischen Städte Bracara und Portus Cale, das heutige Braga und Porto, über die Römerstraße Via XVI. Eine moderne Betonbrücke hat die 1846 errichtete Vorgängerin »Ponte Pênsil« (Hängebrücke) in Leça ersetzt, die eine Sturmflut zerstört hat. Sie trägt den Namen der antiken Brücke, die sich im perfekten Rundbogen genau neben der historischen über das Flüsschen Leça wölbt.

Bis vor wenigen Jahren war der sich nun wieder idyllisch durch Wald und Flur windende Fluss völlig verschmutzt. Industrieabwasser und Müll sorgten für ein massives Umweltproblem. Die Stadtväter nahmen sich der Umweltsünden an und verwandeln das gesamte Gebiet in einen grünen Korridor. Das Projekt entsteht in insgesamt drei Phasen und verbindet die Quelle am »Monte de Santa Luzia« mit der Mündung in den Atlantik. Der erste Abschnitt ist bereits fertig und bietet einen eigens angelegten asphaltierten Wanderweg von der Ponte da Pedra gen Westen bis zur Ponte de Moreira an der Rua Lionesa.

Die Strecke kreuzt die Leça mehrmals. 800 Bäume – Erlen, Eichen und Trauerweiden – wurden eigens gepflanzt und begrünen die Ufer. Zum Verweilen laden Picknickplätze ein. Gesäumt wird die Strecke von Sehenswürdigkeiten, dazu zählen die Kapelle der Begegnung, das romanisch-gotische Wehrkloster Mosteiro do Leça do Balio sowie die »Mural da Lionese«, eine mehrere hundert Meter lange Mauer, an der zehn portugiesische Straßenkünstler Kunstwerke mit diversen Techniken geschaffen haben. Nach sieben Kilometern endet die Strecke an der Ponte de Moreira. Den grünen Korridor kann man zu Fuß, mit Skates oder mit dem Fahrrad erleben.

Adresse Anfang der Strecke: Ponte da Pedra, Rua da Ponte da Pedra 12, 4465-741 Matosinhos-Leça do Balio; Ende: Ponte de Moreira, Rua Lionesa, 4465-741 Matosinhos-Leça do Balio | ÖPNV Bus 600 Richtung Maia, Haltestelle Pedro Mesquito, dann Bus 505 nehmen und von der Haltestelle Lionesa bis zur Endstation Hospital S. João zurück nach Porto fahren, von dort mit Metro D Richtung Campanhã | Tipp Kehren Sie im Restaurant »Casa das Iscas« neben der neuen Pfarrkirche von Leça ein.

77_Der Farol de Leça

Der schnarchende Leuchtturm

Früher nannten Seeleute die Douro-Mündung bis Viana do Castelo »Costa Negra«. Die Ortschaften lagen weit auseinander, sodass die Steuermänner den Weg an Matosinhos vorbei zur Douro-Mündung in wolkenverhangenen Nächten bloß erraten konnten.

Die Entscheidung für das erste installierte Leuchtfeuer fiel 1681 auf die 53 Meter über dem Meeresspiegel gelegene Anhöhe Monte da Luz im Stadtteil Foz. Von dort leuchteten aus einem achteckigen Turm vier Petroleumlampen. Doch das Signal reichte nicht weit genug. Der Bau des Hafenbeckens Leixões machte einen eigenen Leuchtturm mit neuester Technik notwendig, da das eigens für den neuen Hafen installierte Leuchtfeuer zunächst nur provisorisch auf der Klippe an der Rückseite der Boa-Nova-Kapelle stand und zu niedrig war; sein Licht war nur wenige Meilen weit sichtbar.

Die Leuchtturmdirektion entschied sich deswegen für einen modernen Turmbau auf einem Felsplateau. Bis zur Kuppel reckt sich der Rundbau nun 53 Meter in die Höhe. Über eine Wendeltreppe führen 225 Stufen hinauf. Seit 1961 ist auch ein Fahrstuhl eingebaut. Zur Einweihung 1927 wurde der Leuchtturm noch von einem Uhrmechanismus angetrieben, den der diensthabende Leuchtturmwärter regelmäßig manuell aufziehen musste, später kreiste der Rotor mittels Generator, und seit 1961 ist er an das elektrische Stromnetz angeschlossen.

Die allererste, 3.000 Watt starke Leuchtquelle schickte früher drei Lichtimpulse im 14-Sekunden-Takt 111 Kilometer weit gen Meer. Heute übernimmt das eine 1.000-Watt-Birne mit 52 Kilometern Reichweite. Vor dem Leuchtturm staunen Skulpturen über die Höhe des Leuchtfeuers. Bei Nebel brüllt zusätzlich das Signalhorn und hat dem Turm den Spitznamen »Schnarcher« eingebracht. Im ehemaligen Maschinenraum war bis 1962 die Leuchtturmwärterschule der Marine untergebracht, heute befindet sich dort ein sehr sehenswertes Museum für Leuchtturmtechnik.

Adresse Rua Coronel Helder Ribeiro, 4450-586 Matosinhos | ÖPNV Metro A bis Endstation Senhor de Matosinhos, umsteigen in Bus 106 Richtung Leça Praia, Haltestelle Boa Nova, der Straße zum Leuchtturm 5 Minuten folgen | Öffnungszeiten im Sommer Mi 14–17 Uhr, im Winter Mi 13.30–16 Uhr; anklopfen reicht, größere Gruppen nach Anmeldung per E-Mail an dfarois.rp@amn.pt | Tipp Im Gebäude der Freiwilligen Feuerwehr von Leça kann man eine Ausstellung über Schiffsunglücke und Rettungsversuche besuchen.

78 Janet Echelmans Anémona

She changes

Die in die Jahre gekommene Hafenstadt hat sich in den vergangenen 20 Jahren zu einer moderne Küstenstadt mit maritimem Flair gewandelt, die neue Infrastruktur beschert Matosinhos und seinen Bürgern viel Lebensqualität und schafft Anreize für Touristen, die Stadt zu erkunden. Der Weg führt an einer Reihe Denkmäler, Skulpturen und Straßenkunst vorbei, die Matosinhos zu einer attraktiven Open-Air-Galerie machen, so kommt man der Lokalidentität auf unterschiedlichen Ebenen näher.

Das fängt gleich bei der Einfahrt in die Hafenstadt an der Rotunde am Ende der Ringstraße an. Dort erhebt sich eine kinetische Skulptur, die an eine Netzfalle erinnert. Von den Ansässigen liebevoll »Seenelke« genannt, bewegt sich das Kunstwerk genauso anmutig wie das Tier. Es scheint sogar zu atmen. Es mäandert, bläht sich auf, fällt in sich zusammen, je nachdem, wie stark der Wind bläst. Ein von der Natur choreografierter Licht- und Schattentanz.

Die Urheberin Janet Echelman aus New York hat sich 2003 der Herausforderung gestellt, für Matosinhos diese Skulptur zu kreieren. Fokussiert auf das lokale Fischerkulturerbe, entwarf sie eine Skizze für einen monströsen Köcher und wählte den einzig möglichen Typ Garn für das Maschenwerk aus, das der salzhaltigen Meeresluft, allen Windstärken, dem Regen, dem UV-Licht und der Luftverschmutzung standhält: »Tenara«, den Zwirn für Astronautenanzüge. Ultraleicht und unverwüstlich. Damit entstand ein bunt eingefärbtes, 4.600 Quadratmeter großes Netz, aufgehängt an 60 Meter hohen Pfosten an einem 20 Tonnen schweren Stahlring mit 45 Meter Durchmesser. In ihrem legendären TED-Talk »Nehmen Sie Ihre Phantasie ernst« sagte Janet über ihr Debüt, das Werk »She changes« habe ihr Leben verändert. Es sei eine Metapher für Matosinhos, für das Erbe der Fischer und entscheidend für ihren Karrierestart für kinetische Kunst.

Adresse Rotunda de Anémona, Praça da Cidade do Salvador, 4450-016 Matosinhos | ÖPNV Bus 500 Richtung Mercado, Haltestelle Praça da Cidade do Salvador | Tipp Im Stadtgebiet von Matosinhos stehen etwa 60 Denkmäler und Skulpturen; eine Straßenkunst-Route führt zu Kunstwerken berühmter Urban-Artists wie Vhils, Katre oder Pariz One.

79 Der Mercado Municipal

Der Wunsch-Fisch vom Grill

Das Herz von Matosinhos ist der Stadtmarkt. Er wurde im August 1952 eröffnet, die Halle steht genau an derselben Stelle wie ihre Vorgängerin, die 1932 abgerissen wurde. Eine öffentliche Bauausschreibung sorgte damals für mehrere Vorschläge. Der Projektgewinner zog seinen Entwurf wegen des Ausbruchs des Zweiten Weltkriegs jedoch zurück.

Der zweite Kandidat, Luís José de Oliveira, legte den Stadtvätern einen Plan für ein lichtdurchflutetes, modernes Gebäude vor, das bis heute durch seine futuristisch anmutende Bogendecke besticht. Damals war diese Dachkonstruktion eine absolute Innovation. Die freitragende, gewölbte Decke ließ der Architekt mittels Holzschalung errichten und erst dann mit Beton füllen. Zwischen den Zargen, die dem Grätengerüst eines Fischs ähneln, dringt durch Hunderte Fensterscheiben Tageslicht. Das verleiht dem Mercado Municipal etwas geradezu Sakrales, als wären die einzelnen Stände Altäre, auf denen Fisch angeboten wird.

Der Geräuschpegel schwillt ohrenbetäubend an, sobald die Fischverkäuferinnen lautstark ihre Ware feilbieten. Etliche betreiben ihren Stand schon in der zweiten oder gar dritten Generation, die Töchter erben ihn von den Müttern, der Fischverkauf ist nach wie vor weiblich dominiert. Manchmal, so lachen sie, kämen sie mit dem Fischeputzen gar nicht mehr nach und freuten sich über das gute Geschäft. Nebst Fisch kann der Kunde auf dem Markt auch andere Lebensmittel erwerben, alles regional produziert, sogar lebende Hühner. Darüber hinaus kann man in den umliegenden Boutiquen sowie in der Buchhandlung stöbern oder in einem der Dutzend Speiselokale leckere, lokaltypisch zubereitete Tapas und Tagesgerichte kosten.

In der »Taberna Lusitana« wählt der Gast seinen Wunsch-Fisch direkt am Stand aus, gegrillt wird er anschließend über Holzkohle und serviert mit Salat und Pellkartoffeln von in der Region ansässigen Bauern. *Bom apetite!*

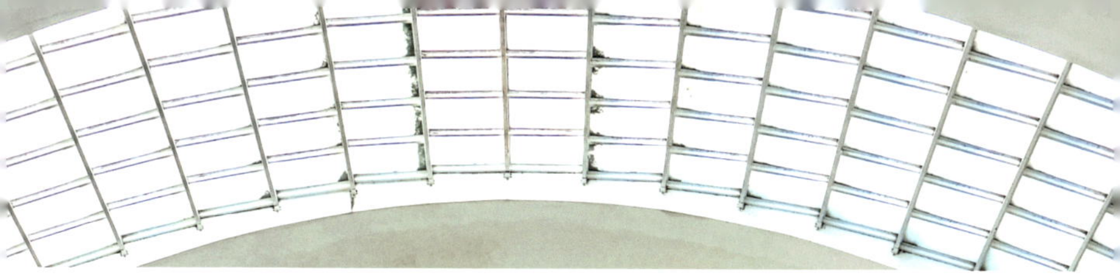

Adresse Rua França Júnior, 4450-178 Matosinhos | ÖPNV Metro A Richtung Senhor de Matosinhos, Haltestelle Mercado | Öffnungszeiten Mo 7–14 Uhr, Di–Fr 6.30–18 Uhr, Sa 6.30–16 Uhr | Tipp In der ehemaligen Grundschule in der Rua de Manhufe wurde ein Fischermuseum mit Exponaten des lokalen Fischfangs von Matosinhos eingerichtet.

80 Der Obelisk am Strand

D-Day auf Portugiesisch

Die Armada schlug einen weiten Bogen, um den Spähern entlang der Küste zu entgehen. Die königliche Flotte mit 7.500 Soldaten an Bord nahm von den Azoren über den Atlantik kommend Kurs auf Nordportugal. Oberkommandant war König Pedro IV., der den anstehenden Angriff gegen das Heer seines eigenen Bruders minutiös geplant hatte. Als D-Day für die Anlandung im Mutterland wählte er den 9. Juli 1834.

Die Segel mit der Königsflagge am Hauptmast waren gehisst und durchschnitten den Horizont. Auffrischender Westwind trieb die Karavellen pfeilschnell durch das Wasser gen Küste. Verlassen tauchten das Festland und das Ziel auf: der Strand von Pampelido. So weit das Auge reichte, waren nur Sand und Dünen zu sehen, aber keine Festung, nicht einmal ein Leuchtturm. Der König hatte klug gewählt. Die Armee seines Bruders erwartete ihn und die Armada am Tejo in Lissabon. Auf die Küste nördlich von Porto hatten sein Bruder und die Absolutisten nicht getippt.

Dom Pedros strategisch überaus geschickter Schachzug führte zu einem durchschlagenden Erfolg. Die Armada erreichte erst völlig unbemerkt portugiesischen Boden, das Heer gelangte über den Jakobsweg anschließend nach Porto. Der Überraschungseffekt beim Einmarsch in die Stadt war so groß, dass die ansässigen Soldaten überrumpelt werden konnten. Die Eroberung des seit zwei Jahren von absolutistischen Streitkräften besetzten Porto verlief nahezu widerstandslos.

Am Strand von Pampelido legte Dom Pedros Tochter, Königin Maria II., anno 1840 den Grundstein für den Obelisken, auf dem der Schlachtruf von König Pedro IV. eingraviert ist, der mit den folgenden Worten beginnt: »In unserem Mutterland atmen unsere Mütter, Väter, Geschwister und Kinder und erwarten uns. Uns, die ihnen und unserer Nation die Freiheit bringen.« Seinem Drang, das Volk zu befreien, blieb Dom Pedro auch nach dem Sieg treu – und das befreite Porto dankte es ihm.

Adresse Avenida Dom Pedro IV, 4455-420 Matosinhos-Perafita | ÖPNV Metro A Richtung Senhor de Matosinhos bis Endstation, umsteigen in Bus 104 Richtung Vilar do Senor, Haltestelle Praia da Memória, Stelzensteg durch die Düne bis zum Obelisken | Tipp Nach Norden und Süden erstreckt sich der Jakobsweg an der Küste entlang, er ist bequem über Holzstege erreichbar.

81 Die Piscinas de Marés

Die Gezeiten-Bassins

Inmitten zerklüfteter Rifffelsen am Strand Praia de Leça, nördlich vom Hafen von Leixões, ist das Schwimmen im Meer fast unmöglich. Sobald sich die Wogen während der Ebbe zurückziehen, ist es leichter, doch Vorsicht ist stets geboten, vor allem für Kinder, die Strömung ist tückisch. Kalt ist der Atlantik sowieso, auch im Sommer. Badevergnügen sieht wahrlich anders aus.

Das sah Stararchitekt und Pritzker-Preisträger Álvaro Siza Viera ähnlich und schaute sich die Küste vor seiner Haustür sehr genau an, denn in seinem Kopf nahm eine Idee Gestalt an, und dafür suchte er nach einem geeigneten Platz. Er hatte eine Vision – und einen Auftrag. Die Stadtverwaltung wollte Schwimmbecken errichten, und zwar am Meer. Siza erdachte daraufhin das Gezeiten-Bassin. Zwei türkisblau schimmernde Wasserspiegel inmitten der Felsen wurden geschaffen. An den Klippenkanten zischt und gurgelt die Brandung, die sommers wie winters vom Nordwestwind angetriebenen kräftige Wogen an die Riffe schmettert. Genau dort, auf einem relativ hoch über der Wasserkante gelegenen Plateau, entwarf Siza sein Meer-Schwimmbad, das sich mitten in die schroffe Felsenlandschaft schmiegt. Er schuf mit diesem architektonischen Wagnis bereits 1966 eine Novität, die man heutzutage Infinity-Pool nennt.

Das Gefühl, nicht wie in einem Freibad in einem begrenzten Raum zu schwimmen, sondern über dem Meer schwebend dem Horizont entgegen, begeistert jährlich Abertausende. Dazu das ewige Lied der Wellen, die stetig gegen die Klippen schlagen, gurgeln, zischen, schäumen und das ganz und gar in Blau gehaltene Bassin mit frischem Salzwasser füllen.

Ein Rückzugsort für Salzwasserliebhaber, der von Juni bis Herbst zugänglich ist, bis die Brandung zu wütend heranrollt und die Wassertemperatur zu kalt wird. Der Zugang ist von Betonwänden eingerahmt, es gibt Umkleidekabinen und eine Cafeteria. Ein echtes Badeabenteuer.

Adresse Avenida da Liberdade, 4450-716 Matosinhos-Leça da Palmeira | ÖPNV Metro A bis Endstation Senhor de Matosinhos, umsteigen in Bus 507 Richtung »MAR Shopping«, Haltestelle Piscina de Marés | Öffnungszeiten während der Sommermonate 9–19 Uhr | Tipp Wer lieber im Süßwasser schwimmt, besucht die von Siza designte Badeanstalt in der Quinta da Conceição.

82__Die Ponte móvel de Leça

Freie Fahrt für »PanMax«

Der schnellste Weg vom Hafengelände von Leixões in den Stadtteil Leça da Palmeira führt über die Hebebrücke, ansonsten geht es über die Autoestrada do Litoral Norte um das Hafengelände herum bis ans andere Ufer. Schneller kommt man natürlich direkt von der Markthalle zum Dock vier, dem Anlegesteg und Verladehafen für Containerschiffe. Damit selbst die mit Schiffscontainern voll beladene Schiffsklasse »PanMax« ein- und auslaufen kann, musste der Zufahrtskanal zwischen Dock eins und Dock vier von 60 auf 77 Meter verbreitert werden. Die alte Hebebrücke von 1961 war zu schmal, sie wurde von der jetzigen abgelöst.

Seit dem 30. Juli 2007 öffnen und schließen sich dank einer ausgeklügelten, monströsen Hydraulikvorrichtung die beiden über 10 Meter breiten und knapp 40 Meter langen, 290 Tonnen schweren Fahrbahnabschnitte für die Durchfahrt eines Containerschiffes sechs Minuten schneller als die Vorgängerbrücke. Die ebenso im Gegensatz zur vorherigen Brücke höher gelegte Fahrbahn ermöglicht es leeren oder sehr niedrigen Schiffen, in den Hafen zu gelangen, ohne dass die Brücke überhaupt für die Durchfahrt geöffnet werden muss. Dadurch kann der Stadtverkehr flüssiger zirkulieren als über die alte Brücke.

Die nach Valencia, Barcelona und Miami viertgrößte Hebebrücke der Welt wurde nach ihrer Einweihung unter anderem mit dem »European Steel Design Award« ausgezeichnet.

Fußgänger überqueren die Brücke auf einem eigens konstruierten, überdachten, 92 Meter langen Steg, der mitten durch das 1.300 Tonnen schwere, wie zwei Hs geformte und blau lackierte Stahlgerüst führt. Hinauf zur Fahrbahnebene gelangt man über eine Treppe mit integriertem Fahrstuhl. Die Überquerung beschert einen einmaligen Ausblick auf Leixões und das Hafengebiet von Dock vier, wo die Containerriesen »PanMax« vertäut liegen, hochhaushoch beladen werden und auf die Abfahrt warten.

Adresse 4450-180 Matosinhos-Leça da Palmeira | ÖPNV Metro A Richtung Senhor de Matosinhos, Haltestelle Mercado, Beginn des Stegs seitlich an der Markthalle | Tipp Am Ende des Übergangs liegt die kleine Kirche »Nossa Senhora da Piedade« mit goldener Altarkunst, von dort geht es links durch die Rua Espírito Santo in das labyrinthartig angelegte Fischerviertel mit einer Reihe von Tapas-Lokalen.

83__Die Praia dos Pescadores

Fischer unter sich

An die Geschichte der im Zweiten Weltkrieg desertierten deutschen Seeleute, die ihr U-Boot, das U-1277, versenkt haben, erinnert man sich in Angeiras heute noch. Gefroren hätten sie, Hunger hätten sie gehabt, erzählt man sich. Die Fischer halfen mit warmer Kleidung und Mahlzeiten. Das gehört sich schließlich so. Solidarität wird hier von jeher großgeschrieben, deswegen hat die hiesige Fischergemeinschaft bisher alle Krisen überlebt.

Davon zeugen nicht nur die Boote und Kutter, die nach der Heimkehr mit vereinten Kräften oder dem Traktor aus dem Wasser an den Strand gezogen werden und dem Hafen sein ureigenes maritim-nostalgisches Flair bescheren, sondern vor allem das Bairro: ein gewachsenes Viertel mit Lagerhallen, einem Wohn- und einem Gewerbegebiet, wo sich Häuschen mit kunterbunten Fassaden direkt am Strand aneinanderreihen. Zugang zum jeweiligen Patio gewährt eine Tür. Es ist der Ort, wo sich die Familie zum Mittagessen trifft.

»Das Meer schenkt dir nie, was du begehrst«, lautet eine Fischerweisheit, trotzdem stellen sich die Fischer jeden Tag wieder den Launen Neptuns. Ihre Existenz und ihr Leben legen sie in Gottes Hand. Mutig und demütig sind sie, fröhlich und ernst. Dem Badetourismus an *ihrem* Strand schauen sie gelassen zu. Die Zeiten ändern sich eben, wissen sie aus Erfahrung.

Längst sind sie selbstständig, doch ihre Vorväter wurden im Sommer noch als Vasallen an den Strand geschickt, um dort sporadisch Fisch für die Herrschaft zu fangen. Ihre Hauptaufgaben waren das Sammeln von kleinen, blau schimmernden Krebsen sowie das Aufhäufen von den in großen Mengen angeschwemmten Sargassum-Algen. Getrocknet erzielte die Mischung aus Algen und Krebsschalen als sogenannter Super-Dung für die Landwirtschaft Höchstpreise. Als Kunstdünger natürliche Düngesubstanzen ablöste, verlor die Algenernte ihre Bedeutung, doch die Fischer erlangten ihre Freiheit.

Adresse Travessa Rudolfo de Mesquita, 4455-204 Matosinhos-Lavra | ÖPNV Metro B Richtung Póvoa de Varzim, Haltestelle Vilar do Pinheiro, umsteigen in Bus 132 nach Angeiras, Haltestelle Bairro dos Pescadores | Tipp 500 Meter entfernt vom Hafen liegt eine archäologische Ausgrabungsstätte mit römischen Salzbecken. Der Holzsteg führt kilometerweit am Strand von Angeiras entlang nach Norden und Süden. Im Ort und am Strand laden Lokale zu typischen Häppchen ein.

84 Die Sardinhada

Es muss Liebe sein

Die Sardine und die Portugiesen verbindet eine 1.000 Jahre alte Liebe, denn wie sonst könnte man erklären, dass jeder Portugiese im Sommer mindestens zweimal pro Woche Sardinen verspeist. Ein Identitätsmerkmal, hört man oft. Stimmt. Portugals Straßenfeste im Juni zu Ehren der Schutzheiligen Santo António, São João und São Pedro sowie am Portugal-Tag, dem 10. Juni, werden gekrönt vom gemeinschaftlichen Sardinenessen, genannt »Sardinhada«.

Mit Gemeinschaftsgefühl hat die Sardine in der Tat zu tun, aber auch damit, dass Portugals Nordwestküste während der Sommermonate vom Nordwind erfrischt wird und in dem sommerlich aufgeheizten Meerwasser eine klimatisch bedingte Photosynthese stattfindet und Plankton gedeiht, das Sardinen in gigantischen Schwärmen anlockt. Früher fingen die Fischer von Matosinhos und Afurada die Schwärme direkt vor der Haustür mit einem langen Netz, das mittels Boot am anderen Ende eingeholt wurde. Den dadurch entstandenen Sack voller Sardinen bugsierten die Fischer gemeinschaftlich an Land und teilten den Fang auf.

Heutzutage fahren die Kutter zum Sardinenfang auf die hohe See hinaus, verbinden die Netze und kreisen den Schwarm ein. Kein Wunder also, dass der gemeinsam gefangene Fisch immer noch gemeinsam verzehrt wird, vor allem während des Sommers.

Für Nachschub während der Sardinen-Schonzeit im Winter sorgt die Konservenfabrik »Pinhais« in Matosinhos. Hier kommt einzig allerbeste Qualität in die Dose. Alle Mitarbeiter arbeiten Hand in Hand. Erst wird jede Sardine verlesen, dann geputzt, gewaschen, gedämpft und verpackt. Genau wie seit der Gründung vor 100 Jahren reifen die Fischlein in delikaten Marinaden eingelegt 60 bis 90 Tage lang, bevor sie in den Handel gelangen, damit im Winter niemand auf *seine* Sardine verzichten muss. Das Familienunternehmen setzt auf die gemeinschaftliche Liebe zum Produkt. Das schmeckt man.

Adresse Conservas Pinhais, Avenida Menéres 700, 4450-189 Matosinhos | ÖPNV Metro A, Haltestelle Câmara Matosinhos, an der ersten Rotunde links abbiegen und an der nächsten rechts, Ziel auf der rechten Seite | Öffnungszeiten geführte Touren durch die Fabrik mit anschließender Verkostung unter www.factorytour.conservaspinhais.com buchbar, Dauer: 90 Minuten | Tipp Am Rathausplatz am Jardim Basilio Teles liegen die »Casa do Design« mit Exponaten portugiesischer Designer und das Museum der Erinnerung »MuMMa«.

85 Das Teehaus mit Stern

Das poetische Lusiaden-Menü

Im Haus der Architektur, der »Casa da Arquitetura«, huldigt Matosinhos dem Lebenswerk des weltberühmten Architekten Álvaro Siza. Auf einem geführten Rundgang durch das Museum erfährt man alles über den mehrfach ausgezeichneten Mann, der Porto und seine Heimatstadt Matosinhos mit seiner geradlinig-präzisen Baustruktur nachhaltig geprägt hat.

1988 erhielt Siza den Mies-van-der-Rohe-Preis, 1992 wurde er mit dem renommierten Pritzker-Preis ausgezeichnet. Die ersten Bauten seiner Erfolgsgeschichte schuf er in Matosinhos. Sizas Debüt, das »Tee-Haus«, steht seit 1958 am Strand von Leça da Palmeira, ein Bungalow, der mitten in die Rifffelsen hineingebaut wurde. Dort tritt man von der Küche direkt in den Sand, die Glasfront lässt einzig den Wind hinein. Die Gäste haben das Gefühl, nicht im Restaurant, sondern mitten im Meer zu sitzen. Als hätten Haus und Chefkoch einen Pakt mit Neptun geschlossen, genießt man phantasievoll zubereitete Häppchen aus dem Ozean. Seit 2016 wird die »Casa de Chá« von Portugals renommiertem und mittlerweile zweifach mit einem Michelin-Stern gekürten Küchenchef Rui Paula geleitet, dessen Menü die Strophen des Nationalepos »Die Lusiaden« von Nationaldichter Luís de Camões adaptiert und dabei wahrlich poetisch-lukullische Fusionen aus den Ethno-Küchen dieser Welt hervorbringt. Damit schöpft der Chef sämtliche Geschmacksnuancen traditioneller portugiesischer Kochkunst aus, inspiriert von der Symbiose des Gebäudes mit der Natur. Die edlen Früchte des Meeres seien die wahrhaftigen kulinarischen Sterne auf dem Teller, sagt Rui Paula.

Die Gezeiten-Bassins, die Badeanstalt »Conceição« und ein Besuch in Sizas umgestaltetem Elternhaus, das sind die anderen drei Stationen, die zur Route außergewöhnlicher Architektur zählen und zu den insgesamt acht Siza-Bauten in Portugal, mit denen sich Matosinhos derzeit um die Erhebung zum Weltkulturerbe bewirbt.

Adresse Avenida da Liberdade 1681, 4450-718 Matosinhos-Leça da Palmeira, www.casadechadaboanova.pt | ÖPNV Metro C, Haltestelle Sete Bicas, umsteigen in Bus 104 Richtung Vilar do Senhor, Haltestelle Praia do Aterro, auf der Avenida da Liberdade etwa 900 Meter gen Süden Richtung Parkplatz am Strand entlanglaufen | Öffnungszeiten Di–Sa 12.30–15 und 19.30–23 Uhr, Reservierung über die Website | Tipp Im etwa einen Kilometer nördlich gelegenen Ortsteil Perafita liegen die Indoor- und Outdoor-Kartbahnen »Kartódromo Cabo do Mundo«.

86 Der Terminal

Die Welt dockt an

Das architektonische Pionierprojekt des portugiesischen Architekten Luís Pedro Silva an der südlichen Mole im Hafen von Leixões wirkt wie eine Andachtsstätte. Seit 2015 empfängt das spiralförmige Gebäude jährlich rund 110 Schiffe mit bis zu 300 MeternLänge und insgesamt 110.000 Passagiere. Der neue Terminal hat den vorherigen, wesentlich kleineren und hinten im Hafenbecken gelegenen abgelöst und Porto zum Zielhafen für Ozeanriesen auf ihren globalen Kreuzfahrtrouten erhoben. Neben Lissabon entstand somit ein zweiter Überseehafen in Portugal.

Der außerirdisch anmutende Komplex rückt ins Bild, sobald man Foz do Douro erreicht hat. Je näher man dem meisterhaft ausgeklügelten Bau kommt, desto beeindruckender wirkt er. Das Gebäude folgt keinen herkömmlichen Regeln der Baukunst, es ähnelt einer Schleife und scheint zu atmen. Es wurde mit einem Glasdach ausgestattet und liegt über mehrere Etagen verteilt, die durch ein ovales Atrium verbunden sind. Im Boden ist ein Meerwasserbassin eingelassen, das die Nähe zum Ozean symbolisiert. Doch nicht nur das erinnert an das Meer, auch die kurvenförmigen, teils gewölbten Wände lassen glauben, man befände sich in einem Fischkörper.

Der Terminal verfügt über eine Marineabteilung, eine Abfertigungshalle, Konferenzräume und ein Restaurant mit Flanierrampen bis über das Dach und zum Strand. Die sechseckigen Fliesen an den Wänden und Fassaden wurden in Abstimmung mit lokalen Manufakturen angefertigt und im Rotationsprinzip überlappend flächendeckend gekachelt, was den Eindruck von Fischschuppen erweckt. Auf Farbe hat Silva gänzlich verzichtet. Gut so. Der natürliche Lichteinfall, die Raumhöhe, die lose Anordnung der Stockwerke sowie die überall vorherrschende grandiose Aussicht sorgen für ein ausreichendes Spiel von Licht und Schatten. Ähnlich dem Meer, sobald sich die Sonnenstrahlen im Wasser brechen, tanzen helle Flecken über die Fliesen und bringen sie zum Leuchten.

Adresse Avenida General de Matos, 4450-208 Matosinhos; Zufahrt/Zugang über die Hafeneinfahrt Portaria do Molhe Sul | ÖPNV Metro A, Haltestelle Matosinhos Sul, Hafen über die Avenida da República zu Fuß in etwa 10 Minuten erreichbar | Tipp Im Meeresforschungsinstitut CIMAR neben dem Terminal laden Ausstellungen über die Unterwasserwelt zum Erkunden ein. Packen Sie Badesachen ein und genießen Sie den Strand von Matosinhos.

87__Der Titan von Leixões

Vom ewigen Kampf gegen das Meer

Nachdem das Dampfschiff »Porto« 1852 bei seiner Einfahrt in die Douro-Mündung von einer Woge erfasst und auf den Felsen vor der Küste aufgelaufen war, war klar, dass der Hafen aus dem Stadtgebiet rausmusste. Die Entscheidung fiel auf einen 95 Hektar großen Küstenabschnitt zwischen zwei steil aufragenden Klippen, den sogenannten »Leixões«. Dort wollte der Staat ein künstliches Hafenbecken mit zwei Molen aus Granitblöcken von je 50 Tonnen bauen lassen, die sich über einen Kilometer wie ausgestreckte Arme im Meer an der Hafeneinfahrt treffen. Ein geradezu titanisches Vorhaben, das gigantische Hebekräne erforderte.

Entworfen wurden diese von der französischen Firma »Duparchy et Dauderni«. Angefertigt wurden sie in den Stahlwerken »Fives-Lille«. Zwei davon kamen in Einzelteilen in Matosinhos an und wurden erst vor Ort montiert. Ein eigens verlegter Schienenstrang brachte lose Granitsteine aus den Steinbrüchen von Monte de São Gens heran, die von Hand Stein für Stein in Form geklopft und zu 50 Tonnen schweren Blöcken aufgeschichtet und gemauert wurden. Angetrieben durch Dampfmaschinen, beförderten zwei je 420 Tonnen schwere Stahlkolosse mit 69 Metern Kranarmlänge und 17 Meter Höhe auf Schienen Block für Block ins Meer und versenkten sie Meter für Meter in Reih und Glied aufeinandergestapelt und aneinandergereiht.

Die nördliche Mole ragte 1.579 Meter, die südliche 1.147 Meter weit in den Ozean hinein. Erst in den 1960er Jahren fand die monströse Baustelle ein Ende, und Leixões zählt heute mit seinem Fischereihafen, der Containerverladestation und dem Kreuzfahrt-Terminal zu den Hafen-Giganten der Welt. Der südliche Kran »Titan« ist seit 2020 Industriedenkmal und Lokalmatador. Er gilt als Erinnerungsstätte an die Abertausenden Männer, Frauen und Kinder, die 80 Jahre lang jeden einzelnen Granitstein für die Molen in Form geschlagen haben.

Adresse Titã de Porto de Leixões, Avenida General de Matos, 4450-208 Matosinhos; Zufahrt/Zugang über die Hafeneinfahrt Portaria do Molhe Sul | ÖPNV Metro A, Haltestelle Matosinhos Sul, Hafen über die Avenida da República in etwa 10 Minuten zu Fuß erreichbar | Öffnungszeiten Fr, Sa, So 10 und 17 Uhr, Anmeldung nicht erforderlich, maximale Teilnehmerzahl pro Besucherslot: 15 Personen | Tipp Essen Sie Sardinen (von Mai bis September) oder Fisch vom Grill in einem der Hafenrestaurants in der Rua Heróis de França.

88 Die Tragédia do Mar

Das begrabene Fotoalbum

Zwei Jahre nach dem Ende des Zweiten Weltkriegs herrschte in Portugal eine Hungersnot. Im Winter war es besonders schlimm, da die Fischer nur selten aufs Meer hinausfahren konnten, die Herbsttürme wühlten die See zu sehr auf. Dennoch wagten sie es und kehrten oft mit leeren Netzen heim. Trotz Unwetterwarnung liefen auch am 2. Dezember 1947 100 Kutter vom Hafen von Leixões in Richtung Süden aus. Am späten Nachmittag frischte der Nordwind auf. Er peitschte über die Wellenkämme und bauschte den Ozean zu über zehn Meter hohen Wogen auf. Ein Teil der Flotte schaffte die Rückkehr noch vor dem Anbruch der Nacht. Andere blieben auf See. Sie waren es gewohnt, Neptuns Launen die Stirn zu bieten. Hungrig und verzweifelt, wie sie waren, beteten sie zum heiligen Pedro, doch in dieser Nacht halfen ihre Gebete nicht.

Unheilvoll schoben sich Wolkenberge vor den Mond und die Sterne, die Böen wehten stärker, die Wellen wuchsen immer mehr in die Höhe, Neptun ließ all seine Muskeln spielen, und die Kutter schaukelten kraftlos zwischen den Wogen hin und her. Das Unwetter rief die Ehefrauen mit den Kindern und die Nachbarn an den Strand von Matosinhos auf die Süd-Mole, soweit es die Brandung zuließ. Verzweifelt schwenkten die Frauen Petroleumlaternen in die Finsternis, schrien sich die Kehlen heiser, doch vier Trawler kehrten nie wieder zurück.

Die 152 Opfer der Tragödie ließen 71 Witwen und über 100 Halbwaisen zurück. Der damals jüngste Überlebende hat den Knall beim Aufprall eines Trawlers auf die Klippen nie vergessen und sieht jedes Mal, sobald er die Augen schließt, die angeschwemmten Leichname seiner Kameraden vor sich.

Die Skulpturen der Frauen und Kinder am Strand gedenken der Schreie und Tränen der Hinterbliebenen. Die Stadt Matosinhos hat in Erinnerung an die Opfer ein Fotobuch mit Porträts drucken lassen und je eines davon symbolisch in einer Truhe am Strand von Matosinhos mit Ankerkette begraben.

Adresse Praia de Matosinhos, Avenida da República 47, 4450-208 Matosinhos | ÖPNV Metro A bis Endstation Matosinhos Sul, Strand mit Denkmal über die Avenida da República in etwa 10 Minuten zu Fuß erreichbar | Tipp An Allerheiligen, am 1. November, leuchten rund um das Denkmal der Fischer am Padrão Tausende Kerzen zum Gedenken an die Toten.

89_Der Aeroporto

Der Cold Case Camarate

Ganz Fontaínhas wurde durch einen Knall aus dem Schlaf gerissen und versammelte sich in der Nacht vom 4. auf den 5. Dezember 1980 an der Unglücksstelle, wo eine Cessna kurz nach dem Start Feuer gefangen hatte und mitten in das Wohngebiet Camarate gestürzt war. Die herbeigerufene Feuerwehr konnte nur noch Leichen bergen, sieben an der Zahl. Darunter der neue Verteidigungsminister Amaro da Costa sowie der neu vereidigte Premierminister Francisco Sá Carneiro von der Demokratischen Allianz. Es bestand der Verdacht auf ein Attentat auf den politisch umstrittenen Sá Carneiro, doch die Ermittlungen endeten ein Jahr später ergebnislos, der Fall Camarate wurde – als Unfall deklariert – abgeschlossen. Mit einem forensischen Expertenteam wurde er 1983 neu aufgerollt und wiederum als Tragödie zu den Akten gelegt.

Konspirative Nachforschungen seitens der Anwälte der Hinterbliebenen führten jedoch zu Informanten, die behaupteten, dass das Attentat gar nicht Sá Carneiro, sondern dem Verteidigungsminister gegolten habe, denn der sei in ein lukratives Waffengeschäft verstrickt gewesen. Sá Carneiro habe einen Flug der Airline TAP gebucht und sei erst in letzter Minute Costas Einladung gefolgt, bei ihm mitzufliegen.

Ein neues Ermittlungsteam hielt 1988 eine durch einen Sprengsatz ausgelöste Explosion an Bord für möglich. Die Spur der Bombe führte zur CIA und verlief im Sande. Erst das Geständnis eines portugiesischen Geheimagenten, der für die Installation der Bombe 200.000 US-Dollar erhalten hatte, weckte den Verdacht, dass auch die Amerikaner an dem Waffendeal beteiligt gewesen sein könnten.

Die beim Europäischen Gerichtshof für Menschenrechte 2007 eingereichte Anklageschrift wurde abgelehnt. Die Fährte zum Täter im Fall Camarate blieb kalt. Zum Andenken an Sá Carneiro und seinen tragischen Tod wurde der Flughafen von Porto nach ihm benannt.

Adresse Pedras Rubras, 4470-523 Moreira-Maia | ÖPNV Metro E, Richtung Aeroporto, bis zur Endstation fahren | Tipp Vier Stationen vom Flughafen entfernt, an der Metro-Haltestelle Esposade, gelangt man in das Wandergebiet »Ecocaminho de Custóias«.

90__Das Aqueduto do Sardão

Der weise Feuerlurch

Das einstige Landgut »Sardão« gehörte der Familie des Portuenser Poeten und Politikers Almeida Garrett, dessen Büste in Gedenken an sein Lebenswerk in Porto vor dem Rathaus steht und den Blick Richtung Vila Nova de Gaia hebt. Seine Kindheit verbrachte der spätere liberale Geistesführer inmitten des absolutistischen Tauziehens zwischen den Königsbrüdern Pedro und Miguel auf den Azoren. Nach Portugal zurückgekehrt, schrieb er sich in die Fakultät für Rechtswissenschaften in Coimbra ein. Wegen seiner liberalen Haltung musste er jedoch etliche Jahre in London im Exil ausharren. Nach dem Sieg über die Absolutisten zog er als Abgeordneter ins Parlament ein und wurde am Höhepunkt seiner politischen Laufbahn zum Außenminister ernannt. Literarisch läutete Garrett seinerzeit die Romantik ein und hinterließ einen Schatz lyrischer Werke und politischer Schriften.

Sein Rückzugsort war die »Quinta do Sardão«. Dort fand er Ruhe und Inspiration. Das Siegel der Quinta zeigte einen Feuerlurch, das Symbol für Weisheit und den Willen, neue Wege zu gehen. Almeidas Großvater ließ bei der Bewässerung des Landgutes ein eigenes Aquädukt mit 23 Bögen von bis zu 14 Meter Höhe nach römischem Vorbild errichten, das, gespeist von einer eigenen Quelle, die Obsthaine und Gemüsegärten der Quinta mit Wasser versorgte. Almeida folgte dem Pfad des Feuersalamanders und setzte sich zeitlebens aktiv für humanistische Ideale ein.

Seit 1876 beherbergt die Residenz eine Privatschule, die anthroposophisches Wissen vermittelt. Das Aquädukt liefert zwar kein Wasser mehr, doch als mittlerweile städtisches Monument ziert es einen grünen Gürtel. Eine extra mit Beton erhöhte Arkade überspannt den ersten Teil einer der schönsten Strecken der Welt, der N222, die von Vila Nova de Gaia am Südufer des Douro entlang bis Vila Nova de Foz Côa führt. Noch ein neuer Weg und ganz im Sinne des kleinen Erddrachens.

Adresse Rua Arcos do Sardão, 4430-249 Vila Nova de Gaia | ÖPNV Metro D, Haltestelle Ovídio, Bus 905 Richtung Monte da Virgem, Haltestelle Escola EB 2/3 Reis, von dort der Rua Boucinhas zu Fuß etwa 600 Meter bis zur N222 und zum Aquädukt folgen | Tipp An der Endstation »Monte da Virgem« geht es auf den Hügel. Dort oben befindet sich ein Wallfahrtsort mit dem Heiligtum der Unbefleckten Empfängnis.

91 Die Bridge Collection

7.000 Jahre Trinkkultur

Weltbekannt ist der Five o'clock Tea. Kaum jemand ahnt, dass dieses Ritual aus Japan stammt und zunächst mit portugiesischen Seefahrern nach Portugal kam, wo man hochrangigen Gästen bei Hof bereits Ende des 16. Jahrhunderts Tee mit Gebäck servierte. Als Prinzessin Catarina de Bragança den englischen König Charles II. heiratete, führte sie die Tee-Zeremonie um fünf Uhr nachmittags am englischen Hof ein.

Jede Epoche der Menschheitsgeschichte glänzt mit eigenen Ritualen rund ums Essen und Trinken, je nach Land und Kultur sind sie unterschiedlich. Ebendiesen hat die Bridge Collection als eines der insgesamt acht im WOW-Weinland integrierten Museen eine umfassende Ausstellung gewidmet. Authentische Kulissen aus fernen Ländern erwarten die Besucher, sodass man sich zum Beispiel in einer römischen Villa mit Mosaikboden wähnt oder in einem Palast mit Liegestätten und auf einem Tischchen arrangierten Trinkschalen.

Herrschaftliche, extravagante und bäuerliche Trinkgefäße, hergestellt aus Bergkristall, Horn, Keramik, Porzellan, Kork und anderen Materialien, wurden aus über 7.000 Jahren Trinkkultur zusammengetragen, führen einmal um den Globus und bestücken ganze Säle. Zu jedem Gefäß gehören ein landesspezifisches Getränk und ein Ritual. Sei es zur Begrüßung, zum Abschied, als Gruß für Lebende oder Tote, zur Geburt oder die Gesundheit betreffend. An Anlässen für einen Schluck zu zweit oder in Gesellschaft hapert es kaum, an Kuriositäten ebenso wenig, man denke an die Kelche bei der Nobelpreisverleihung.

Etliche Exponate erzählen Geschichten über Personen, die aus ihnen getrunken haben. Kostbare Kristallkelche mit Edelmetall erinnern beispielsweise an besondere Zusammenkünfte. Dickwandige Glasbecher an die trinkfeste Weinseligkeit des Volkes. Am Ende des Rundgangs ist klar: Geselligkeit und Trinkkultur gehören zusammen, unabhängig davon, was im Glas schwimmt. Was zählt, ist der Toast auf die Gesundheit. Prost!

Adresse WOW World of Wine Museen, Haupteingang, Rua do Choupelo 39, 4400-088 Vila Nova de Gaia | ÖPNV Bus 901 Richtung Madalena, Haltestelle GNR, über die Treppe und die Gasse Cândido dos Reis abwärts, bei der Galeria »3 + 1 Arte Contemporânea« links abbiegen | Öffnungszeiten So–Do 10–19 Uhr, Fr, Sa 10–22 Uhr | Tipp In der Portweinkellerei »Sandeman« wird man von Guides mit Sevillaner Hut und Umhang geführt. Bei manchen Proben wird Fado gesungen.

92 Die Casa Teixeira Lopes

Das Bett der Konkubine des Königs

Das Haus wurde zum Hort der Kunst auserkoren, noch während der Mestre darin gewohnt und gearbeitet hat. Damals existierte in Porto kein Museum, aber Vila Nova de Gaia war wegen seiner Portweinkellereien von jeher ein Anziehungspunkt für Kaufleute aus aller Welt, die nach Kunst und Kultur dürsteten. Das Schlösschen des António Teixeira Lopes mauserte sich deswegen rasch zum kulturellen Treffpunkt. Literatursalons, Kammermusikabende und Vernissagen fanden dort statt. Auf diese Weise diente es als Galerie, ohne eine zu sein.

Im »Salão Nobre« traten Musikgrößen wie der Pianist José Vianna da Motta auf. Literaten rezitierten aus ihren Werken. Operngesang erfüllte den Salon mit magischem Klang. Hin und wieder brachten Gäste dem Meister Kunstgegenstände zur Begutachtung mit, manchmal ließen sie sie gleich da. Zu den illustren Gästen zählten Portwein-Magnaten, einmal sogar das Königspaar Dom Carlos und Amélie.

Teixeira Lopes blieb kinderlos, er nannte seine Skulpturen seine Kinder. Seinen Nachlass überließ er der Stadt Vila Nova de Gaia mit der Auflage, den Kunstschatz zu hüten und allen Menschen zugänglich zu machen. Dazu zählten die Werke des Bildhauers Diogo de Macedo sowie unzählige Exponate von Künstlerkollegen aus ganz Portugal.

Die Leitung des Museums kommt dieser Forderung nach. Hausführungen und Hausmusik sowie ein permanenter Austausch mit Schülern füllen die Agenda. Sogar über das Mobiliar gibt es einige Anekdoten zu erzählen. Es erinnert an bestimmte Begegnungen oder daran, unter welchen Umständen die jeweiligen Stücke erworben wurden. Im Schlafgemach steht das vielleicht berühmteste Einzelbett, das sich in Privatbesitz befindet. Zwar war der Meister verheiratet – zumindest für drei Tage –, doch lange vor ihm hat in diesem Bett der portugiesische Sonnenkönig João V. seine Konkubine, die Äbtissin Madre Paula aus dem Kloster Odivelas, gewärmt.

Adresse Rua Teixeira Lopes 32, 4400-320 Vila Nova de Gaia-Mafamude | ÖPNV Metro D Richtung Santo Ovídio, Haltestelle Câmara Gaia, dort in Bus 10M umsteigen und bis zur Haltestelle Hospital fahren, an der westlichen Ecke in die Rua Teixeira Lopes abbiegen | Öffnungszeiten Di–So 9.30–12.30 und 14–17 Uhr, geführte Rundgänge alle 45 Minuten | Tipp Folgen Sie der Rua de Cândido dos Reis, treffen Sie links auf die Portweinkellerei Rozès, wo man feinste Portweine an einem Höhleneingang zu einer Wassermine gustiert.

93 Das Castelo de Gaia

Der König, die Schöne und das Biest

Der Weg zu der einst keltischen Festung führt am Douro entlang Richtung Mündung bis zu einem Wegekreuz hinter Glas, das zu Ehren des Senhor da Boa Passagem, des »Herrn des guten Weges«, aufgestellt wurde. Weiter geht es steil bergauf, vorbei an der romanischen Eremitage »Bonança« bis zu einem kleinen Wäldchen mit der Kapelle der Madonna von Fátima. Die exponierte Lage verspricht eine bewegte Geschichte, denn etliche Kriegsherren und Könige gingen in diesem Gemäuer ein und aus, sogar ein arabischer Emir namens Alboazer residierte hier.

Es heißt, der Emir habe eine umwerfend schöne Schwester gehabt und der König von León, Don Ramiro, habe sich unsterblich in sie verliebt. Heiraten wollte er sie, doch dazu musste erst die Ehe mit seiner Angetrauten Aldara annulliert werden.

Von der katholischen Kirche fortan geächtet, bot der liebestolle Ramiro dem Emir einen Friedensvertrag an, sollte er in die Heirat mit seiner Schwester einwilligen. Der Emir dachte jedoch gar nicht daran. Daraufhin entführte der verliebte König kurzerhand die Schöne. Der Emir zahlte es ihm heim und entführte Ramiros Ex-Ehefrau. Das wollte Ramiro wiederum nicht auf sich sitzen lassen, er verkleidete sich als Bettler und versuchte mit Hilfe einer Hofdame der ehemaligen Königin, ein Amulett mit einer versteckten Nachricht zu überbringen.

Aldara erkannte den Bettler trotz der Maskierung und witterte ihre Chance, sich für die ihr zugefügte Schmach zu rächen. Sie ließ den Bettler von der Palastwache festnehmen, und der Emir verhängte das Todesurteil. Dom Ramiro bestand auf eine öffentliche Hinrichtung auf dem Scheiterhaufen. Der Rauch stieg vom Burghof auf, Ramiros Soldaten verstanden die Botschaft und drangen in die Burg ein. Sie befreiten den König – und das Biest Aldara. Mit einem Felsbrocken um den Hals ließ Dom Ramiro sie ins Meer werfen und lebte fortan glücklich mit seiner schönen Maurin.

Adresse Beco da Bateria 31, 4400-085 Vila Nova de Gaia | ÖPNV Bus 901, 906 Richtung Trindade, Haltestelle Viterbo Campos, von dort durch die Rua do Prior zur Eremitage und zur Burgruine oder hinunter zum Wegekreuz »Boa Passagem« und dem Douro-Wanderweg | Tipp An der Haltestelle Viterbo Campos finden Sie die Kellerei »Nicolau de Almeida«. Im Restaurant »Casa Solar« speist man traditionelle Tagesgerichte mit Aussicht auf Porto.

94 Der Clube Fluvial

Die Rudergemeinschaft

Der Rudersport war einst wie etliche andere Sportarten, darunter Tennis, Reiten oder Radfahren, den Eliten vorbehalten. So war es auch in der britischen Gemeinschaft von Porto Usus. Wer aus Porto dazugehören wollte, musste in den Club gewählt werden.

Eine Gruppe ehrgeiziger junger Riemensportler forderte die Briten deswegen zu einem Paddler-Duell heraus, und so fand am 20. Juli 1875 auf dem Douro der erste Ruderwettbewerb statt. Im Zuge dessen wurde unter den Portuenser Paddlern die Idee geboren, einen eigenen Ruderclub zu gründen. Am 4. November 1976 trug sich die Sportvereinigung »Clube Fluvial Portuense« mit Vereinssitz in Vila Nova de Gaia und Porto ins Vereinsregister ein und residiert seither zwischen den Portweinkellereien an den Docks. Seither trainieren die Ruderathleten auf dem Douro flussaufwärts bis Gondomar.

Der Club ist der älteste Sportverein von Porto, der drittälteste von Portugal und wurde von König Carlos I. zum »Clube Real« geadelt. Zwar ist Portugal seit 1910 kein Königreich mehr, sondern eine Republik, doch der Verein besteht weiter und wird 2026 sein 150-jähriges Jubiläum feiern. Stolz ist man auf die alljährliche Weihnachtsregatta mit nationaler und internationaler Starbesetzung, eine siegreiche Athletengalerie sowie auf die elf Meistertitel in Folge bei den Nationalen Rudermeisterschaften. In der Saison 2007 haben die Paddler aus Porto alle Titel in allen Disziplinen abgeräumt. Die Achter-Mannschaft gewann 2011 sogar die Shell-Prämie. Der Sportverein glänzt jedoch nicht nur im Ruderboot. Auch im clubeigenen Hallenschwimmbad werden Champions trainiert. Zwei Athletinnen aus Porto konnten bei den Olympischen Spielen 2016 in Rio de Janeiro und 2021 in Tokio antreten.

Die Ruder-Tradition wird trotz des Trubels an den Docks wie eh und je aufrechterhalten, die Athleten überqueren mit ihren Booten stoisch die Promenade und gehen trainieren.

Adresse Avenida de Diogo Leite 108, 4400-111 Vila Nova de Gaia | ÖPNV Bus 901 Richtung Madalena, Haltestelle Ponte Luís I, dann der Uferpromenade Richtung Anlegesteg bis zur Hausnummer 108 folgen | Tipp Nutzen Sie die Gelegenheit und entfliehen Sie dem flirrenden Touristen- und Straßenmarkt-Getümmel an den Docks und begeben sich in das historische Kloster Convento de Corpus Christi.

95__Die ELA-Stiftung

Die Mugiganga-Methode

Die Strände am Atlantik in Vila Nova de Gaia ziehen sich 15 Kilometer an der Küste entlang. Für ihre herausragende Wasserqualität wurden sie mit der Blauen Flagge ausgezeichnet. Wellen branden an, der Wind pustet auch im Sommer empfindlich kühl aus Nordwest, und das Meer wird selten wärmer als 18 Grad. Paradiesisch schön sind die Strandabschnitte alle, tipptopp ausgestattet plus Strandwacht und Rettungsschwimmer, so kann man die Wahl gern dem Zufall überlassen oder unternimmt Strand-Hopping.

Im Örtchen Aguda heißen die bunten Ferienhäuser die Besucher willkommen. Der Alltag der hier seit Jahrhunderten beheimateten Fischergemeinde, deren Boote in einer mit Wellenbrecher geschützten Bucht vor sich hin dümpeln, und der Urlaubstrubel finden nebeneinander statt. Am Strand und im Ort. In der Markthalle kaufen Touristen und Einheimische ihr täglich Brot, am Fischmarkt besorgen sie frischen Fisch. In den Cafés sitzen Sonnenanbeter genauso wie Fischer. Es geht beschaulich zu. So wie man es sich am Meer wünscht.

Die »Dunas da Aguda« stehen unter Naturschutz. An den Strand führen Brücken sowie ein Stelzenpfad aus Holz nach Norden und Süden. Hinter der sich wie ein Finger in die Bucht krümmenden Brandungsbarriere glitzert das Wasser türkisgrün und blau. Dorthin lädt das modern designte Gebäude der von Prof. Dr. Mike Weber 1988 gegründeten Küstenstation und Stiftung ELA mit Aquarium und ethnologischem Museum über das lokale Fischerhandwerk ein.

Hier lernt man die berühmte Fangmethode »Mugiganga« kennen. Dabei fischte man direkt zwischen den Felsen vor der Küste. Aus ihren winzigen Barken warfen die Fischer früher ihre Netze aus und fingen entweder Schwarmfische wie kleine Dorsche und Sardinen oder winzige Krebse, die sie an Düngemittelhersteller verkauft haben. Oft fingen sie gar nichts und stachen trotz Brandung wieder in See. Ein tägliches russisches Roulette mit dem Ozean.

Adresse Rua Dr. Alfredo Dias, 4410-475 Vila Nova de Gaia-Arcozelo | ÖPNV vom Bahnhof São Bento mit dem Nahverkehrszug Richtung Aveiro fahren und in Aguda aussteigen, von dort etwa 5 Minuten Fußmarsch | Öffnungszeiten täglich 10–13 und 14–19 Uhr | Tipp Neben der Stiftung befinden sich die Skulptur »Bateira« als Hommage an die Fangmethode »Pesca da Mugiganga« sowie eine Taucher-Figur und ein Wandgemälde, das die Unterwasserwelt zeigt.

96 Die Flaniermeile

Ein Flussspaziergang im Sonnenuntergang

Natürlich erhascht man in Vila Nova de Gaia vom Jardim do Morro und in Porto vom Parque das Virtudes einen unvergesslichen Ausblick auf die Douro-Mündung und den Sonnenuntergang. Beide Plätze sind sehr beliebt und täglich zur Blauen Stunde mit lebenslustigen Menschen aus aller Welt bevölkert.

Wer es lieber ruhiger angehen möchte, macht sich von Vila Nova de Gaia auf den Weg, immer am Douro entlang Richtung Afurada. Die Route folgt der Uferlinie vorbei an der letzten noch funktionierenden Werft für Rabelo-Barken, wo Repliken entstehen und instand gehalten werden. Portos gesamte Stadtkulisse breitet sich am gegenüberliegenden Ufer aus, mit der Super Bock Arena, dem »Torre dos Clérigos«, der Kathedrale und dem Bischofspalast. Die historischen Flussviertel Ribeira und Miragaia mit den schmalen Häusern, den bunt bemalten Fenstern und Türen leuchten im Dämmerlicht des sich allmählich verabschiedenden Tages. Das Zollgebäude aus Granit thront in der Flusskurve, die Tram zuckelt nostalgisch gen Atlantik. Wie ein grüner Schal legt sich der Botanische Garten an den Steilhang. Über den Douro wölbt sich die Arrábida-Brücke. Alles glänzt silbern, golden und tintenblau. Der Horizont verschwimmt zu einem Aquarell aus roten und nachtschwarzen Schlieren, Porto sagt »Boa noite«, gute Nacht.

Setzen Sie sich auf eine Bank an der insgesamt vier Kilometer langen Spazierroute, flanieren Sie über Holzstege oder gehen Sie am Fuß der Brücke in einen Park und lassen entspannt Ihren Urlaubstag Revue passieren. Marschieren Sie früh genug los, unterwegs gibt es einiges zu entdecken. Schornsteinruinen erinnern an eine einst blühende Azulejo-Manufaktur. Das einzelne Herrenhaus war früher ein Hospital. Dort war die Quarantäne-Station für Reisende, die aus den Tropen kamen, untergebracht. Das Schönste jedoch ist die Aussicht auf den Sonnenuntergang – und auf alle sechs Brücken der Stadt.

Adresse Beginn der Route am Miradouro Cais de Gaia/Ponte D. Luís I, Cais de Gaia 18, 4400-245 Vila Nova de Gaia | ÖPNV Bus 901 Richtung Madalena, Haltestelle Ponte Luís I | Tipp Bleiben Sie zum Abendessen in Afurada in einem der Restaurants mit Ausblick auf den Fischerhafen und die Mündung. Lange noch beleuchtet die untergehende Sonne den Ozean, bis die letzte orange Linie ganz erlischt.

97 Das halbe Kaninchen

Straßenkunst in Gaia

Dachschindeln verbergen fast das gesamte historische Viertel von Vila Nova de Gaia. Von Flechten und Moos überwuchert, bezeugen die Dächer die Nähe zum Fluss und zum Meer und breiten sich über der Stadt aus wie ein See in Zinnoberrot. Der Zahn der Zeit nagt an den irdenen Ziegeln. Sie bedecken unzählige längliche, fensterlose Gebäude aus Granit, deren Fassaden zum Douro zeigen und die sich bergauf ineinander zu verkeilen scheinen, so eng nebeneinander stehen sie.

Das Ensemble, unterbrochen von Kirchtürmchen, verleiht Vila Nova de Gaia ein geradezu mythisches Flair. Besonders im Frühnebel, der in tanzenden Schwaden durch die engen Gassen wabert, fühlt man sich beinahe in ein anderes Jahrhundert zurückkatapultiert. Es fehlt nur noch die Postkutsche mit dem Vierergespann, und die Kulisse für einen Kitschfilm wäre perfekt. Für die richtige Portion Nostalgie sorgen zusätzlich die Rabelo-Holzbarken, die am Kai liegen. Mittendrin in diesem Meer aus Schindeln ragt ein monströses Figurenschild mit dem Namen einer weltbekannten Portweinmarke auf. Überall an den Fassaden und auf Schildern mit großen Lettern erfährt man die Namen der Hersteller für Portwein und Douro-Wein, die seit über 400 Jahren hier ihre Kellereien betreiben.

Reichlich Fassadenfläche also für Straßenkunst. Sobald man die Docks verlassen hat, stößt man in den Durchgängen auf Urban Art, angeführt von der Serie »Big Trash Animals« des Künstlers Bordalo II. Das halbe Kaninchen wurde in eine Hausecke hineinmodelliert und schaut dem bunten Treiben zu. Egal, wohin man spaziert, man entdeckt überall Street-Art von nationalen und internationalen Künstlern und erreicht im Zickzacklauf bergauf die Azulejo-Treppe mit glitzernden Steinen aus allen Epochen Portugals. Die kunterbunten Stufen führen direkt in das Museumsparadies »WOW« (World of Wine), in dem man alles rund um den Portwein erfährt – und vieles mehr.

Adresse Rua Guilherme Gomes Fernandes/Ecke Rua Dom Afonso III, 4400-088 Vila Nova de Gaia | ÖPNV Bus 901, 906 Richtung Madalena, nach der Brücke an der Haltestelle Luís I aussteigen, bergab zum Ufer laufen und bei Porto Cruz links in die Parallelstraße abbiegen | Tipp Direkt gegenüber der Kirche Santa Marinha liegt die Kellerei »Vasques de Carvalho«. Dort werden hervorragende Portweine mit Snacks im Pátio verkostet.

98 Der Jardim do Morro

Kleiner Berg ganz groß

»Morro« bedeutet »kleiner Berg«, und »Jardim do Morro« heißt »Garten auf dem kleinen Berg«. In diesem Fall ist das Felsmassiv gemeint, auf dem das Kloster Serra do Pilar thront. Auf einem Hochplateau errichtet, dehnt sich der Gebäudekomplex mit der Kaserne des Artillerie-Regiments über dem Douro gen Osten aus. Am Ufer zieht sich am Hang eine Landstraße serpentinenreich die Steigung hinauf. Die Wallfahrtskapelle Além erinnert an die Gebete der Barken-Kapitäne, die mit ihren Rabelos nach dem Entladen der Portweinfässer in Vila Nova de Gaia wieder Kurs flussaufwärts aufs Douro-Tal nahmen.

Zur Abtei auf dem Gipfel leitet eine Rampe. Unterhalb der abstützenden Mauer saust die Metro von Porto vorbei, über die Ponte Luís I und weiter in den Tunnel zur Metrostation São Bento oder in umgekehrter Richtung nach Vila Nova de Gaia. Mit der Seilbahn »Teleférico« schwebt man bequem vom westlichen Ende der Docks über die Promenade. Zu Fuß erreicht man den »Morro« von der Kathedrale – Schwindelfreiheit vorausgesetzt – über die obere Ebene der Weltkulturerbe-Brücke oder über eine Treppe am Brückenpfeiler in Vila Nova de Gaia.

Der 1927 angelegte Stadtgarten Jardim do Morro präsentiert sich seit 2016 neu gestaltet mit großzügigen Rasenflächen und Betonbänken, die wie in einem Amphitheater angeordnet sind. Das macht den Park zum exklusiven Logenplatz mit Blick bis zur Douro-Mündung und auf den Sonnenuntergang. Stundenlang möchte man dort sitzen, dem bunten Flohmarkt-Treiben ab dem späten Nachmittag zuschauen, den Straßenmusikanten zuhören, Bekanntschaften mit Reisenden aus aller Welt schließen oder sich einfach nur sattsehen an der Kulisse mit der Aussicht auf Portos Altstadt, die Portweinkellereien von Vila Nova de Gaia und den Douro. Noch spannender ist das Panorama im Dunkeln, sobald sämtliche Monumente angestrahlt werden. Spätestens dann wirkt der kleine Berg ganz groß.

Adresse 4430-210 Vila Nova de Gaia | ÖPNV Metro D Richtung Santo Ovídio, Haltestelle Jardim do Morro | Tipp Spazieren Sie den Wanderweg »Percurso entre Pontes« zwischen Portos Brücken am Südufer des Douro entlang bis zur neuen Eisenbahnbrücke Ponte São João, vorbei an der Além-Kapelle, dem Aussichtspunkt »Miradouro do Infante« und der historischen Eiffel-Eisenbahnbrücke Maria Pia.

99 Die Kopke-Dynastie

Ein Likörwein erobert die Welt

Die Geschichte des Portweins beginnt mit einer Legende: In manchen Jahren waren die Trauben im Douro-Tal viel zu sauer. Da halfen weder Sonnenschein noch Gebete. Deswegen zündete ein frustrierter französischer Winzer namens Guião kurzerhand die Kapelle der Schutzheiligen Marta an. Diese erschien ihm daraufhin leibhaftig und belegte den Weinbauern mit einem Bann: Guião sollte Reben hegen, bis die Weinbeeren alle süß schmeckten. Viele Sommer später war es so weit. Dankbar opferte er die Lese der Schutzheiligen, und der Bann war gebrochen.

In Erinnerung an das Gelübde und die Buße heißt das Dorf seither »Santa Marta de Penaguião«, zusammengesetzt aus »pena« für »Gnade« und dem Namen des Winzers. Natürlich wollten alle anderen Weinbauern von da an auch solch süße Trauben züchten. Mit Erfolg: Wein vom Douro eroberte die Kennerzungen weltweit. Angesteckt vom alsbald entfachten Weinanbaufieber, ließen ausländische Investoren nicht lange auf sich warten. Sie kauften Ländereien und »Quintas« im Douro-Tal, kultivierten Wein im großen Stil an beiden Ufern des Flusses, etablierten Exportkontore in Porto und bauten Kellerei-Gebäude in Vila Nova de Gaia.

Die erste im Zollamt in Porto offiziell registrierte Export-Schiffsladung Rotwein im Jahr 1678, ein Auftrag der deutschen Exportfirma Kopke, bezifferte 400 Fässer »Red Portugal« für England. Das war der Startschuss für den späteren weltweiten Eroberungszug des mit Weinbrand veredelten »Vinho do Porto«.

Kopke keltert nach wie vor in unmittelbarer Nachbarschaft zu Burmester, Rozès, Sandeman und anderen weltweit führenden Spirituosen-Marken. Die Weinkeller in Gaia bezeugen 400 Jahre Portwein-Dynastie und dass der Geist des Weines in Porto spukt. Probieren sollte man unbedingt alle Sorten: Ruby, Tawny, Dry White Port, Vintage und auch den neuen Rosé. Wem der Likörwein zu süß schmeckt, der bestellt den Sommerdrink Porto Tonic.

Adresse Kopke Winehouse, Avenida de Diogo Leite 312, 4400-999 Vila Nova de Gaia | ÖPNV Bus 901 Richtung Madalena, Haltestelle Ponte Luís I, der Uferpromenade von Vila Nova de Gaia etwa 300 Meter folgen, Kopke Winehouse links an der Ecke | Öffnungszeiten täglich 10–19 Uhr | Tipp Die Uferpromenade wird ab dem frühen Nachmittag von einem Straßenmarkt mit Kunsthandwerk, Schmuck und Handarbeiten sowie von Straßenkünstlern und Straßenmusikern bevölkert. Bummeln Sie ausgiebig, feilschen Sie, was das Zeug hält, und probieren Sie Portwein von verschiedenen Marken. Es lohnt sich!

100 Das Mosteiro de Pedroso

Bruder Pedro Julião wird Papst

Die nach romanischem Vorbild aus Granit errichtete einstige Abtei Mosteiro de Pedroso blickt zurück auf 1.200 Jahre Geschichte. Der Benediktinerorden zog in das ländlich gelegene Anwesen am Stadtrand des heutigen Vila Nova de Gaia, die Brüder widmeten sich dem klösterlichen Leben, den geisteswissenschaftlichen Lehren und der Landwirtschaft.

Im Schoß des Ordens des heiligen Benedikt lebte auch der aus Lissabon stammende Mönch Pedro Julião. Seine Wissbegierde trieb den jungen Mönch fort aus Vila Nova de Gaia nach Paris, wo ihn mit dem Dominikanermönch Thomas von Aquin eine intensive intellektuelle Freundschaft verband. In Siena betrieb Pedro weitere Studien in Medizin, Mathematik, Physik und Philosophie. In allen Disziplinen brillierte er mit wissenschaftlichen Abhandlungen. Seine vielfach zitierte Auseinandersetzung mit dem menschlichen Geist beinhaltet Traktate über die Lehren der Logik nach Aristoteles. Seine Schriften machten ihn überall in Europa bekannt. Er nahm am Konzil von Lyon teil und wurde zum Leibarzt von Papst Gregor X. bestellt.

Beinahe wäre Pedro Julião, der Abt des Mosteiro de Pedroso und Schatzmeister des Vermögens des Heiligen Stuhls in Porto, 1273 zum Kardinal von Braga ernannt worden. Doch das Schicksal hielt anderes für ihn bereit: Im Jahr der vier Päpste 1276 wurde nach dem Tod von Gregor X., Innozenz V. und Hadrian V. im September 1276 Pedro Julião, auch bekannt unter dem Namen Petrus Hispanus, zum Papst Johannes XXI. gewählt. Doch sein Pontifikat war von kurzer Dauer. Der einzige Papst, den Portugal je hervorgebracht hatte, starb im Mai 1277 in Viterbo in Italien. Seine medizinischen Niederschriften zur Medikamentenherstellung legten den Grundstein für die moderne Pharmazie. Dante Alighieri ließ Petrus Hispanus' Seele in seiner »Göttlichen Komödie« sogar ins Paradies aufsteigen.

Adresse Largo Mosteiro, 4415-375 Vila Nova de Gaia-Pedroso | Anfahrt mit dem Auto über die A1/Lissabon, nach etwa 20 Minuten Ausfahrt 19 nehmen und weiter nach Pedroso, Kloster ausgeschildert | Öffnungszeiten Fr, So, Mo 8–12 Uhr, Sa 17–19.30 Uhr | Tipp Ein Besuch der Wallfahrtsstätte der Heiligen Maria da Saudade sowie ein Ausflug in das bewaldete Wandergebiet »Serra de Canelas/Serra de Negrelos« lohnt sich.

101 Das Naturschutzreservat

Ein Eldorado für Vogelfreunde

Auf einer Fläche von 60 Hektar breitet sich das Naturschutzgebiet »Reserva Natural do Estuário do Douro« aus. In die ausgedehnte Marschlandschaft führt ein Steg zu zwei Infostellen. Dort sind Broschüren erhältlich, die über die große Artenvielfalt der Flora und Fauna in diesem Feuchtgebiet Auskunft geben. Gespeist wird es vom Meerwasser und zusätzlich von Bachläufen und Quellen, das Süß- und Salzwasser bietet vor allem Vögeln einen geschützten Lebensraum – solchen, die am Meer leben, und solchen, die normalerweise Seenlandschaften bevorzugen. Ein wahres Vogelparadies.

Den Strand Praia Cabedelo, der auch einen FKK-Bereich aufweist, erreicht man bequem zu Fuß über eine asphaltierte Straße und Treppen. Das Dünenparadies trennt den Fluss vom Meer. An der Spitze schützt ein Wellenbrecher mit unbemanntem Leuchtturm den Strand vor der anrollenden Brandung aus Nordwest. Die Düne wirkt wie eine natürliche Barrikade zwischen dem Ozean und dem einstigen Hafen São Paio, von dem nur noch der Anlegestege übrig geblieben ist. Hier haben früher die Bacalhau-Kutter angedockt. Heutzutage dient das sandige Delta dem Hafen von Afurada mit seinen Fischerbooten und Yachten als Windschutz.

Am Strand finden sich kugelförmige, von ewigen Wellen glatt gewaschene Felsen im Sand, die »Pedras do Maroiço«. In den Spalten wachsen Sukkulenten. Mittagsblumen gehören dazu, die im Mai gelb und lila blühen, aber auch Ginster, Knoblauchnelken und Wilder Fenchel. Wie zufällig hingeworfen liegen die Steine da und türmen sich bis zur Praia de Lavadores zu einem natürlichen Wehr auf. Magische Kräfte sagt man den Steinen nach, denn hier trifft Granit auf Feldspat und Magmamasse.

Ob die Granitblöcke von der uralten Douro-Legende erzählen, als sich der Fluss noch quer durch Portugal bis zum Atlantik gepflügt hat? Wer weiß. Am besten gemütlich hinsetzen und dem ewigen Lied des Meeres lauschen.

Adresse Rua do Cabedelo, 4400-169 Vila Nova de Gaia | ÖPNV Bus 200 Richtung Foz Mercado, an der Haltestelle Junta de Freguesia de Massarelos in Bus 902 umsteigen, Richtung Lavadores fahren, von der Haltestelle Areias Cabedelo etwa 750 Meter der Avenida Deoceliano Monteiro abwärts folgen | Tipp An der Straßengabelung beginnt die »Ciclovia da Marginal de Gaia«. Mit dem Fahrrad erreicht man die schönsten Strände von Vila Nova de Gaia bis Praia da Aguda.

102 Der Parque das Devesas

Die Kamelien des Grafen

Inmitten der Portweinkellereien verbirgt sich ein blühendes Kleinod mit romantischen Brunnen, Teichen und einer verwunschenen Grotte. Ein mächtiger Tulpenbaum wirft sein Blüten- und Laubdach leuchtend gelb über das schmiedeeiserne Tor, in dessen mit Jugendstilornamenten verzierten Streben der Name des Anwesens steht: »Quinta das Devesas 1858«. Fast läuft man auf der Rua Dona Leonor de Freitas an den Portweinlagern und an dem Tor vorbei, doch eine kleine Rampe weist den Weg.

Die gräfliche Familie »das Devesas«, die einst Handel mit Portwein betrieb sowie die karitativen Einrichtungen des Misericórdia-Ordens in Vila Nova de Gaia unterstützte, legte in dem komplett ummauerten Areal einen Landschaftsgarten nach italienischem Vorbild an. Mittendrin steht der einstige Gebäudekomplex: ein mehrflügeliges Renaissanceschlösschen mit Veranden und wunderschön bepflanzten Innenhöfen. Leider eine Ruine, was dem gesamten Anwesen eine magische Patina verleiht und dem Besucher eine Oase der Ruhe beschert.

Ein Hauch von Romantik vermischt mit Mystik liegt in der Luft. Mit Moos überwucherte Skulpturen, deren Schöpfer niemand mehr kennt, wirken vergessen, doch auf anrührende Weise glücklich. Träumen kann man hier, umhüllt vom Duft Abertausender Kamelien, die an Büschen blühend entlang der Wege Spalier stehen. Wilde Kamelien und eigens gezüchtete Sorten in allen Farben von Schneeweiß bis Blutrot werden sorgfältig auf Naturlehrpfadkarten erklärt. Die japanischen Kamelien wachsen hier seit 130 Jahren über dem Kopf zu einem Tunnel zusammen.

Die Blume aus dem Reich der Mitte erreichte Portugal Mitte des 15. Jahrhunderts. Von hier aus reiste sie um die Welt. Doch zuvor bekam jede Sorte einen poetischen oder aristokratischen Namen. Die »Camões« ist nach dem Nationaldichter benannt, die »Duque de Loulé« nach einem Herzog und die »Conde das Devesas« nach dem Hausherren, dem Grafen.

Adresse Rua Dona Leonor de Freitas 162, 4400-123 Vila Nova de Gaia | **ÖPNV** Bus 904 Richtung Coimbrões, Haltestelle Dispensário, von dort die Rua Serpa Pinto abwärts laufen und links abbiegen, Parkeingang an der Rampe | **Öffnungszeiten** täglich 10–17 Uhr | **Tipp** Gönnen Sie sich auf der Dachterrasse des Hilton in der Magma Bar einen »Porto Tonic« mit Aussicht auf Vila Nova de Gaia und Porto.

103 Der Pato Amarelo

Das schwimmende Armeefahrzeug

Das gelb lackierte Ungetüm auf sechs Rädern ähnelt einem Entenschnabel und erinnert gleichzeitig an ein Versorgungsfahrzeug aus Schwarz-Weiß-Filmen aus dem Zweiten Weltkrieg. Die Rede ist vom DUKW. Dieses dreiachsige Amphibienfahrzeug mit sechs Rädern und Allradantrieb wurde in den USA eigens für den Transport von Waren über Land und im Wasser entwickelt. Mit 80 Stundenkilometern rollt das Vehikel mit dem Spitznamen »Duck« über die Straßen, mit 10 Kilometern pro Stunde schwimmt es und schafft mit seiner Antriebskraft spielend die Aus- und Einfahrten von Wasser zu Land und umgekehrt, durch Sand, Matsch und anderes unwägbares Ufergelände.

Das robuste Gefährt durchquerte 1942 den Ärmelkanal und kam am D-Day in der Normandie oder bei der Operation Husky im Mittelmeer zum Einsatz. Nach dem Ende des Zweiten Weltkriegs fuhr die »Ente« mit dem Technischen Hilfswerk in Katastrophengebiete und half bei der Erstversorgung an Unglücksstellen, wo Amphibienfahrzeuge lebensrettend sein können.

In Großbritannien fand der »Duck« später eine gänzlich andere Aufgabe, nämlich als Touristenattraktion in London – mit dem Angebot, die Stadt zu Land und zu Wasser parallel zu erkunden. Eine ehemalige Mitarbeiterin des Unternehmens in England hat diese Idee auch in Vila Nova de Gaia umgesetzt. Bis der »Duck« jedoch mit Touristen an Bord durch Vila Nova de Gaia rollen und im Douro schwimmen durfte, musste er vollkommen umgestaltet werden, damit zwei Dutzend Gäste plus Besatzung bequem und nach geltenden Sicherheitsstandards dort Platz fanden.

Seit 2018 startet der gelb lackierte »Pato Amarelo« nun mehrmals täglich am Jardim do Morro, fährt kreuz und quer durch Vila Nova de Gaia, an diversen Portweinkellereien vorbei bis zum Fischerort Afurada, wo er an der Rampe ins Wasser gleitet und Kurs auf die Arrábida-Brücke nimmt. Ein Riesenspaß für Jung und Alt. Ente ahoi!

Adresse Haltestelle Jardim do Morro, Avenida da República, 4430-189 Vila Nova de Gaia; Treffpunkt mit Informationsstand direkt an der Rampe zum Kloster Serra do Pilar | ÖPNV Metro D, Haltestelle Jardim do Morro | Öffnungszeiten Reservierung unter Tel. +351/928/155083; Touren täglich ab 10 Uhr, Dauer etwa 75 Minuten | Tipp Nicht weit von der Haltestelle entfernt biegt man in die Rua Luís de Camões und gelangt nach fünf Minuten Fußmarsch zur einstigen Werkstatt und dem Wohnhaus des berühmten Portuenser Skulpteurs António Soares dos Reis.

104__Der Pink Palace

Think and drink pink

Die größte Weinmuseumslandschaft der Welt bietet Besuchern auf 400.000 Quadratmetern in diversen ehemaligen Portweinkellereien acht Mal Kulturwissen rund um die Themen Wein und Portugal. Wer das Wort »Portwein« hört, denkt sogleich an Ladies und Gentlemen in formeller Kleidung, die aus grazilen Glaskelchen dunkelroten Likörwein nippen. Doch das war einmal. Heutzutage ist Portwein ein Trend-Getränk für alle und kein Aperitif der Eliten mehr. In Porto, New York, Berlin oder Madrid, überall werden süffige Portwein-Cocktails gemixt, allen voran der »Porto Tonic«, der aus trockenem weißem Portwein, Tonic Water und eisgekühlter Minze besteht und in Pokalgläsern serviert wird. Man genießt den noblen Wein in Farbnuancen von Vanille bis Blutrot, als Novität in Pink und mit immer wieder überraschend anders duftenden Bouquets und Aromen.

Aber wie wird Portwein überhaupt gemacht, und wie viele Sorten gibt es eigentlich? Die Antworten auf all diese Fragen liefern die unterschiedlichen Museen in Vila Nova de Gaia, unter anderem im »Pink Palace«, initiiert und geführt von der Weinmarke »Mateus Rosé«.

Denn was liegt näher, als mit dem Roséwein, der die Welt erobert hat, dem Besucher ein Rundum-Pink-Abenteuer zu bereiten? Der »Pink Palace« empfängt einen in rosaroten Farbtönen, die Räume sind rosé changierend bis grell pink dekoriert. Vom Spiele-Spaß bis zum Weinkeller lautet das Motto: Think and drink pink.

In der Ausstellung lernt man im Rahmen von diversen Verkostungen mehr über die Weltkulturerbe-Landschaft des Oberen Douro-Tals, das Weinmachen sowie vergangene und moderne Produktionstechniken. Auch das Thema Weinberg wird im Museum behandelt: Wie wird ein Weinberg angelegt, und wie kann man anhand des Blattes die Traubensorte bestimmen? Der Rundgang klingt im »Saloon« mit Genussprobe mit Douro-Wein und Portwein aus – selbstverständlich ist auch hier alles pink.

Adresse WOW – Pink Palace, Rua do Choupelo 39, 4400-088 Vila Nova de Gaia | ÖPNV Bus 901 Richtung Madalena, Haltestelle GNR, über die Treppe und Gasse Cândido dos Reis abwärts, bei der Galeria »3 + 1 Arte Contemporânea« links abbiegen | Öffnungszeiten So–Do 10–19 Uhr, Fr, Sa 10–22 Uhr | Tipp In der Portweinkellerei »Croft« probiert man den 2008 erstmals kreierten Rosé-Portwein.

105 Der Planet Cork

Der wichtigste Baum Portugals

Wenn du ein Stück Kork mit nach Hause nimmst, wohnt die Seele des Baumes bei dir, heißt es. Seit über 3.000 Jahren produziert Portugal bereits Gebrauchsgegenstände aus Kork. Bojen für Fischernetze, Trinkgefäße oder Verschlüsse für Weinfässer und Amphoren zählten zu den ersten, heutzutage stellt man sogar Schuhe, Modeschmuck, Teppiche und organische Baustoffe für den Hausbau oder Elektrogeräte aus Kork her.

Portugal ist der weltweit größte Korklieferant. Diese Industrie erwirtschaftet prozentual etwa so viel wie die Tourismusindustrie. Das Material ist atmungsaktiv, brennt erst bei 800 Grad Celsius, schützt gleichermaßen vor Kälte und Hitze, dämmt Lärm, dichtet Resonanzräume ab und verschließt alljährlich Millionen von Weinflaschen. Als Modeobjekt seit mehreren Jahrzehnten heiß begehrt, erkennt man Portugal-Urlauber sofort an einer Handtasche, einem Brillenetui oder einer Geldbörse aus Kork.

Der Baum stammt aus Nordafrika, gehört zur Familie der Buchen und fühlt sich im Süden Portugals in trockener Erde unter sengender Sonne und in kalten Nächten wohl. Der Korkschwamm bildet sich nur langsam zwischen Stamm und Rinde. Nach 40 Jahren erfolgt die erste Ernte. Man nennt diesen Kork Jungfrauen-Kork, der geschreddert weiterverarbeitet wird. Danach erfolgt im Zehnjahresrhythmus je eine Ernte pro Baum. Der »Sobreiro«, wie er auf Portugiesisch heißt, ist frisch gepflanzt ein ertragreicher Generationenbaum und leistet einen essenziellen Beitrag zur hiesigen Natur. Der Mutterstamm speichert Wasser, sein Schatten schützt Weidetiere, die Wurzeln halten spröde Erde zusammen. Deswegen steht er unter Naturschutz.

Wie die Korkernte funktioniert und wie welche Produkte hergestellt werden, das zeigt die Ausstellung im »Planet Cork«. Übrigens wird jeder Baum wie seit 3.000 Jahren noch von Hand abgeerntet, doch ohne die Seele des Baumes zu spüren, könne das niemand lernen, heißt es.

Adresse Planet Cork, Eingang durch die WOW-Empfangshalle in der Rua do Choupelo 39, 4400-088 Vila Nova de Gaia | ÖPNV Bus 901 Richtung Madalena, Haltestelle GNR, über die Treppe und Gasse Cândido dos Reis abwärts, bei der Galeria »3 + 1 Arte Contemporânea« links abbiegen | Öffnungszeiten So–Do 10–19 Uhr, Fr, Sa 10–22 Uhr | Tipp Von allen Portweinkellereien in Vila Nova de Gaia ist die »Cockburn's Port Lodge« die eindrucksvollste und »W. & J. Graham's« mit über 3.500 Portweinfässern die größte.

106 Der Rabelo

Die letzte Flotte

Ohne den Rabelo hätte der Portwein niemals seine Reise in die Welt antreten können. Seit vielen hundert Jahren schon keltert man im Oberen Douro-Tal Wein, denn an den Berghängen gedeihen extrem süße Trauben. Sie sind bestens für Likörwein geeignet, doch der einzige Weg aus der Region Trás-os-Montes (Hinter den Bergen) führte über den Fluss bis nach Porto. Der Douro gurgelte damals noch völlig ungebremst von der spanischen Grenze 55 Höhenmeter in langen Kurven abwärts Richtung Meer. Um ihn zu bezwingen, brauchte es zwei Dinge: gottgläubige, starke Männer und ein geeignetes Boot.

Nach dem Vorbild der Nordmänner verwendeten Schiffszimmerleute Bretter mit Rinde und fügten diese ungeschnitten zu einem Kahn mit flachem Boden und Kiel zusammen. So entstand eine etwa 20 Meter lange Barke, die von der Form her an einen Kuhschwanz erinnert. Daher der Name: Rabelo leitet sich von »rabo« ab, was »Schwanz« bedeutet.

Zwölf Mann Besatzung waren nötig, um das Gefährt mit bis zu 100 Portweinfässern zu je 380 Litern erst zu beladen und anschließend durch die Stromschnellen sicher bis nach Vila Nova de Gaia zu transportieren. Die Boote wurden nach der Jungfrau Maria benannt, und in jeder Flusskurve stehen heute noch winzige Altäre mit Marienfiguren, von denen die Besatzung auf ihrer gefährlichen Fahrt den Segen erbat.

Mit der Ankunft der Eisenbahn 1879 in Peso da Régua, dem zunehmenden Lkw-Transport in den 1960er Jahren und der Fertigstellung der fünf Staustufen hat das Transportboot seit 1964 endgültig ausgedient. Dank der Portwein-Dynasten leben die Barken im Hafen von Vila Nova de Gaia fort. Einmal im Jahr, am Johannistag, werden zur Regatta ihre quadratischen Segel gehisst. Um das Wohl und die Instandhaltung kümmert sich die letzte auf Rabelos spezialisierte Werft in Vila Nova de Gaia. Als Wahrzeichen fährt der Rabelo heute mit Motor weiter – mit Touristen an Bord.

Adresse Anlegesteg, Ribeira de Gaia, 4430-999 Vila Nova de Gaia; Werft Socrenaval – Estaleiro Naval do Rio Douro, Cais de Gaia 4400-245 Vila Nova de Gaia | ÖPNV Bus 901 Richtung Madalena, Haltestelle Ponte Luís I, dann der Uferpromenade etwa 300 Meter zum Anlegesteg der Rabelo-Barken folgen und 1 Kilometer geradeaus immer am Flussufer entlang zur Werft | Tipp Unterwegs kommen Sie am Markt und an einigen Tapas-Bars vorbei. Ein idealer Platz für eine Pause. Gegenüber der Werft liegt ein großes Outlet.

107 Der runde Kreuzgang

Die perfekte Unendlichkeit

Als der irische Feldmarschall und herausragende Militärführer Arthur Wellesley, bekannt als Herzog von Wellington, Mitte April 1809 in Vila Nova da Gaia eintraf, stieß er auf ein Hindernis: den Douro. Als erfahrener Stratege ahnte er, dass die Truppen Napoleons von Norden kommend angreifen und die Menschen am Flussufer einkesseln würden. Eine Wiederholung der Katastrophe von vor zwei Jahren, als Napoleons Truppen in Porto einmarschiert waren, die Stegbrücke nachgegeben hatte und Tausende Portuenser im Douro ertrunken waren, wollte Wellington unter allen Umständen vermeiden.

Um eine chancenreiche List auszutüfteln, lief er stundenlang durch den Kreuzgang der imposanten Augustinerabtei. Der rund gebaute Hof sollte den Mönchen das Gefühl der perfekten Unendlichkeit suggerieren.

Ob es nun an diesem Ort lag oder an einem Fischer, der dem General verriet, dass flussaufwärts zwei größere Schiffe versteckt waren, spielt keine Rolle, denn noch in der derselben Nacht setzten der Fischer und ein irischer Militär nach Porto über und trommelten die Anwohner zusammen, währenddessen wurden die beiden Schiffe gekapert. Noch bevor der Morgen anbrach, war Portos Altstadt leer. Wellingtons Regiment erwartete die Ankunft der Franzosen an der Stadtgrenze in Porto. Damit hatten die Franzosen nicht gerechnet. Wellingtons List hat funktioniert. Die dritte französische Invasion blieb die letzte.

Die Abtei, ein Musterbeispiel klassizistischer Architektur, beherbergt seit 2012 das UNESCO-Büro, das über die Welterbestätten Guimarães, das Weinanbaugebiet Alto Douro, die Höhlenmalereien in Foz Côa und die 1996 zum Weltkulturerbe erhobene Altstadt von Porto wacht. Der Aufstieg zur Kuppel der einzigen runden Kirche Portugals, die von drei Dutzend korinthischen Säulen getragen wird, führt über 100 Stufen zum Balkon und weitere 50 Stufen eine enge Wendeltreppe hinauf. Die Aussicht ist sensationell.

Adresse Largo de Avis – Santa Marinha, 4430-329 Vila Nova de Gaia | ÖPNV Metro D Richtung Santo Ovídio, Haltestelle Jardim do Morro | Öffnungszeiten Di–So 10–17.30 Uhr | Tipp An der Flusspromenade in Porto erinnert die Andachtsstätte »Alminhas da Ponte« und in Vila Nova de Gaia eine Skulptur an die 20.000 Ertrunkenen während der französischen Invasion unter Marschall Soult. Eine Gedenkbüste für General Wellington und die Ereignisse des 12. Mai 1809 steht an der Ecke Rua do Rosário/Rua Dom Manuel II.

108__São Pedro da Afurada

Die Sänftenträgerinnen und ihr Versprechen

Kurz vor Weihnachten anno 1909 sorgten schwere Regenfälle im Douro-Tal für ein stetiges Ansteigen des Wasserpegels. Ungebremst raste der Strom Richtung Meer und schwoll in Porto bis knapp zur Kante der unteren Ebene der Weltkulturerbe-Brücke Luís I an. 15 Meter höher als normal schwappte das Wasser in den am Fluss gelegenen Vierteln in Porto und Vila Nova de Gaia bis vor die Haustüren und an den Portweinkellereien vorbei. Eine Katastrophe bahnte sich an.

Auch unter den Familien im Fischerort São Pedro da Afurada, deren Vorfahren aus Espinho, Ovar und Murtosa stammten und die an der Douro-Mündung in einer natürlichen Bucht hinter den Dünen vor 650 Jahren eine neue Existenz gefunden hatten, herrschte Angst vor einer Überschwemmung.

»Der Ozean beginnt hier«, sagten die Fischer. Am 23. Dezember 1909 kam er näher als je zuvor. Dazu frischte Wind auf. Die Familien flüchteten sich in die Kapelle ihres Schutzheiligen São Pedro und beteten, doch das Unheil nahm einen unvorhersehbaren Verlauf. Der Dreimaster »Barca América« trieb durch den Douro und direkt in die Bucht von Afurada, kenterte und begrub die Hälfte des Ortes und die Kapelle unter sich. Wie durch ein Wunder überlebten alle.

Die Fischer dankten ihrem Schutzheiligen und versprachen, fromm zu bleiben. Seither ehrt der Ort seinen Heiligen alle Jahre wieder am 29. Juni mit einer Prozession, einer Kuttersegnung und einem Corso. Sänftenträgerinnen laufen mit mit Blumen geschmückten Tragen auf. Für sie stellt das Tragen der Heiligenfigur eine große Ehre dar, damit erneuern sie im Namen der Dorfgemeinschaft alljährlich symbolisch ihr Versprechen von damals. Das Fischernetz als Zeichen der Fischerzunft hat die gefragte Installationskünstlerin Joana Vasconcelos gestaltet und dem Dorf gestiftet. Vier Fischerfrauen am Kopf der Prozession bringen es als Hommage an das Meer, das immer noch genau hier beginnt.

Adresse Estatua de São Pedro da Afurada, Rua da Praia/Praceta de São Pedro 31, 4400-584 Vila Nova de Gaia | ÖPNV Bus 901 Richtung Foz Mercado, Haltestelle Largo Montinho, umsteigen in Bus 907, Haltestelle Chãs, der Rua Abílio de Azevedo abwärts bis nach Afurada folgen | Tipp In Afurada bieten sämtliche Lokale örtliche Fischspezialitäten an. Im Yachthafen gibt es eine Segelschule, eine Surfschule und einen Bootsverleih, und es werden Bootstouren angeboten.

109 Die Seca do Bacalhau

Verschwundenes Fischereierbe

Abgeschnitten vom städtischen Treiben, galt das Südwestende von Vila Nova de Gaia vor 70 Jahren als blinder Fleck. Dort herrschten damals recht prekäre Verhältnisse. Niemand konnte lesen und schreiben. Die Frauen und Kinder blieben monatelang allein. Ihre Ehemänner heuerten wegen des besseren Verdienstes auf den Fischtrawlern an, anstatt vor Ort zu fischen. Die Frauen übernahmen den ambulanten Fischverkauf, oder sie arbeiteten in den nahe gelegenen Bacalhau-Fabriken in der Gemeinde Lavadores. In das soziale Gefüge in Porto und Vila Nova de Gaia wurden sie nicht integriert. Man kaufte ihnen Fisch ab, mehr nicht. Raus aus der Stadt nach Afurada zog es auch niemanden. Zum Baden ging man nach Foz am Ufer gegenüber.

Mit der Verkehrsanbindung durch die Ponte da Arrábida verbesserten sich die Lebensumstände. Eine Kinderkrippe und eine Grundschule wurden gebaut, Straßen wurden asphaltiert, und Afurada wurde an das öffentliche Stromnetz angeschlossen. Dennoch blieb man unter sich.

Das änderte sich schlagartig, als Porto 1996 zur Weltkulturerbestätte und 2001 zur Kulturhauptstadt Europas erhoben wurde. Plötzlich gewann Afurada die Aufmerksamkeit gewiefter Investoren, die Immobilien in exklusiver Lage suchten. Die Bacalhau-Fabriken zogen um, die Hallen wurden abgerissen. Die letzte Ruine an der Rua de Bacalhau/Rua de Calisto und die Gedenktafel im Pfarrhof erinnern noch an das einst goldene Fischereierbe, das die Familien hier über 500 Jahre lang ernährt hat. Die Häuser sind mittlerweile begehrte Ferienimmobilien. Und die Quadratmeterpreise für Neubauten gehören zu den höchsten von Porto.

Vor 70 Jahren konnte sich niemand vorstellen, dass das hässliche Entlein sich in einen prächtigen Schwan verwandeln würde. Noch ein Beispiel für Veränderung durch Fortschritt, doch wie sich das auf die Gemeinschaft der Fischerfamilien von Afurada auswirken wird, bleibt abzuwarten.

Adresse Centro Paroquial de Lavadores, Rua de Calisto 263, 4400-050 Vila Nova de Gaia | ÖPNV Bus 906 Richtung Madalena, Haltestelle Travessa Da Fonte Lodosa, umsteigen in Bus 902 Richtung Lavadores, Haltestelle Estamparia Lavadores, rechts in die Rua de Calisto zum Pfarrhof abbiegen | Tipp Schlendern Sie durch Lavadores und das ehemalige Viertel der Fabrikarbeiter zum Strand. Im Dorfcafé »O Gato que pesca« sitzt man mit Einheimischen zusammen am Tisch.

110 Die Varinas da Afurada

Fado im Waschhaus

Der Fischerhafen Afurada liegt an der Mündung des Douro. Früher galt das Dorf als Wurmfortsatz von Vila Nova de Gaia, jetzt ist es ein Rückzugsort für Einheimische und Touristen mitten im Naturschutzgebiet mit Dünenstrand. Im Hafengelände, wo moderne Fischkutter und Yachten vertäut sind und früher sogenannte »Caíica«-Barken lagen, stehen krumm gewachsene Holzstecken Spalier. Dazwischen sind Leinen gespannt, an denen Wäschestücke in der auffrischenden Brise des Atlantiks flattern. Daneben befindet sich ein modernes öffentliches Waschhaus, darin ein etwa acht mal acht Meter großer Tank mit Waschsteinen aus Beton, der mit Mosaikfliesen ausgekleidet ist.

In der Mitte sprudelt eine Fontäne. In ihr reflektiert sich das Sonnenlicht. Das Waschhaus leuchtet. Als wäre es ein erhabener Ort. Das ist der tägliche Treffpunkt der Fischerfrauen, die hier ihre Wäsche gemeinsam von Hand waschen und anschließend auf dem Platz aufhängen. Dazu singen sie Fado, denn das gemeinsame Wäschewaschen und Singen hat in Afurada Tradition.

Bis in die 1980er Jahre nahmen die Fischerfrauen im Morgengrauen erst die Fähre, stiegen dann um in die Tram nach Matosinhos zum Fischmarkt, kauften Fisch und verkauften ihn in Porto, indem sie von Haus zu Haus gingen. »Varinas da Afurada« nannte man sie, ambulante Fischverkäuferinnen. Barfuß liefen sie, eine gehäkelte Schürze hatten sie umgebunden, ein Kopftuch und einen Schal über den Schultern, eine Hand in die Hüfte gestemmt. So boten sie ihre Ware feil. Am Mittag war der Fisch verkauft, die »Varinas« kehrten zurück nach Afurada, wo sie am Kai von ihren Gefährtinnen singend empfangen wurden. Danach gingen alle ins Waschhaus, wo sie gegen Handgeld die Wäsche für die Kaufmannsfamilien wuschen. Dazu sangen sie ihre Lieder.

Das tun sie auch heute noch, in Andenken an die erlebte Solidarität, die mit dem Gesang im Waschhaus fortlebt und die Gemeinschaft aufrechterhält.

Adresse Lavadouro Público da Afurada, Rua da Praia 141, 4400-354 Vila Nova de Gaia | ÖPNV Bus 901 Richtung Foz Mercado, Haltestelle Largo Montinho, umsteigen in Bus 907 Richtung Lavadores, Haltestelle Chãs, der Rua Abílio de Azevedo abwärts bis nach Afurada folgen | Öffnungszeiten meistens zwischen 9 und 10 Uhr vormittags | Tipp Im ethnografischen Museum »Centro Interpretativo do Património da Afurada« erfahren Sie alles über die Geschichte des Ortes und die Frauengemeinschaft »Varinas da Afurada«. Fischerkultur plus Fußballfieber gibt es in der »Casa do FC Porto«, leckeren Fisch vom Grill inklusive.

111 Die Wunderkapelle

Wo Sehnsucht erwacht

Einsam und erhaben thront die Kapelle »Senhor da Pedra« auf einer Felsformation am Strand und gleichzeitig im Meer. »Die Eremitage gehört uns nicht«, sagen die Alten, »sie gehört dem Himmel und dem Ozean. Sie ist frei, weil sie aus freien Stücken zu uns gekommen ist.«

Was sich kryptisch anhören mag, basiert jedoch auf Fakten. Manche davon sind erklärbar, andere nicht. Der Felsen strahlt Energie aus, das spürten die Fischer vor Ort schon lange bevor die Heilige Dreifaltigkeit in Portugal einzog. Es gebe da ein ganz spezielles Licht, heißt es. Als wären die Felsen erleuchtet. Aber anders als von Sonnenlicht. Heller, von etwas Höherem ausgehend.

Das Licht zog die Menschen in seinen Bann. Man betete zu ihm, bat um Heilung, gar um Wunder, und eines davon ist sogar wahr geworden, als in finsterer Nacht erst ein Sturm heulte und später dichter Nebel die Küste einhüllte. Die Fischer auf See wähnten sich verloren. Doch das Licht am Felsen wies ihnen den Weg. Aus tiefer Dankbarkeit wollte die Fischergemeinschaft am Ortsrand eine Kapelle errichten, doch schon bei der Grundsteinlegung erschien auf dem Felsen eine Gestalt im Meer. Sogar von Weitem erkannten die Leute, dass es sich um Jesus Christus handelte. Eine Woche lang bauten sie trotzdem weiter, und jeden Abend wieder war Jesus auf dem Felsen. Ein Zeichen! Der Gebetstempel sollte auf den Felsen gebaut werden, dorthin, wo Jesus saß. Und so geschah es.

Am Eingang erinnern Tafeln seit 1686 daran, wie lange dieser Ort schon heilig ist. Im Gebetsraum hängt Jesus, den alle nur den »Herrn vom Felsen« nennen, am Kreuz am goldenen Altar. Die alljährliche Wallfahrt findet traditionell am 12. Juni statt. An der Klippe ist der fossile Klauenabdruck eines Ochsen zu sehen. Es sollen die Klauen des heiligen Bullen von Nazareth sein, glaubt man. Gibt es einen magischeren Ort, um die Sehnsucht nach mehr Portugal zu wecken? Vermutlich nicht.

Adresse Capela do Senhor da Pedra, Alameda do Senhor da Pedra, 4410 Vila Nova de Gaia | ÖPNV vom Bahnhof São Bento den Nahverkehrszug Richtung Aveiro nehmen, Haltestelle Miramar, durch die Avenida Vasco da Gama zum Strand und zur Kapelle | Öffnungszeiten tagsüber bei Ebbe | Tipp Der Wanderweg »Passadiço da Ribeira de Espírito Santo« beginnt in Miramar und führt durch ein Waldgebiet mit Bächen bis Arcozelo. Fahren Sie noch zwei Bahnstationen weiter nach Granja und erleben Sie Portugals Monumente auf Azulejos an der Bahnhofsfassade.

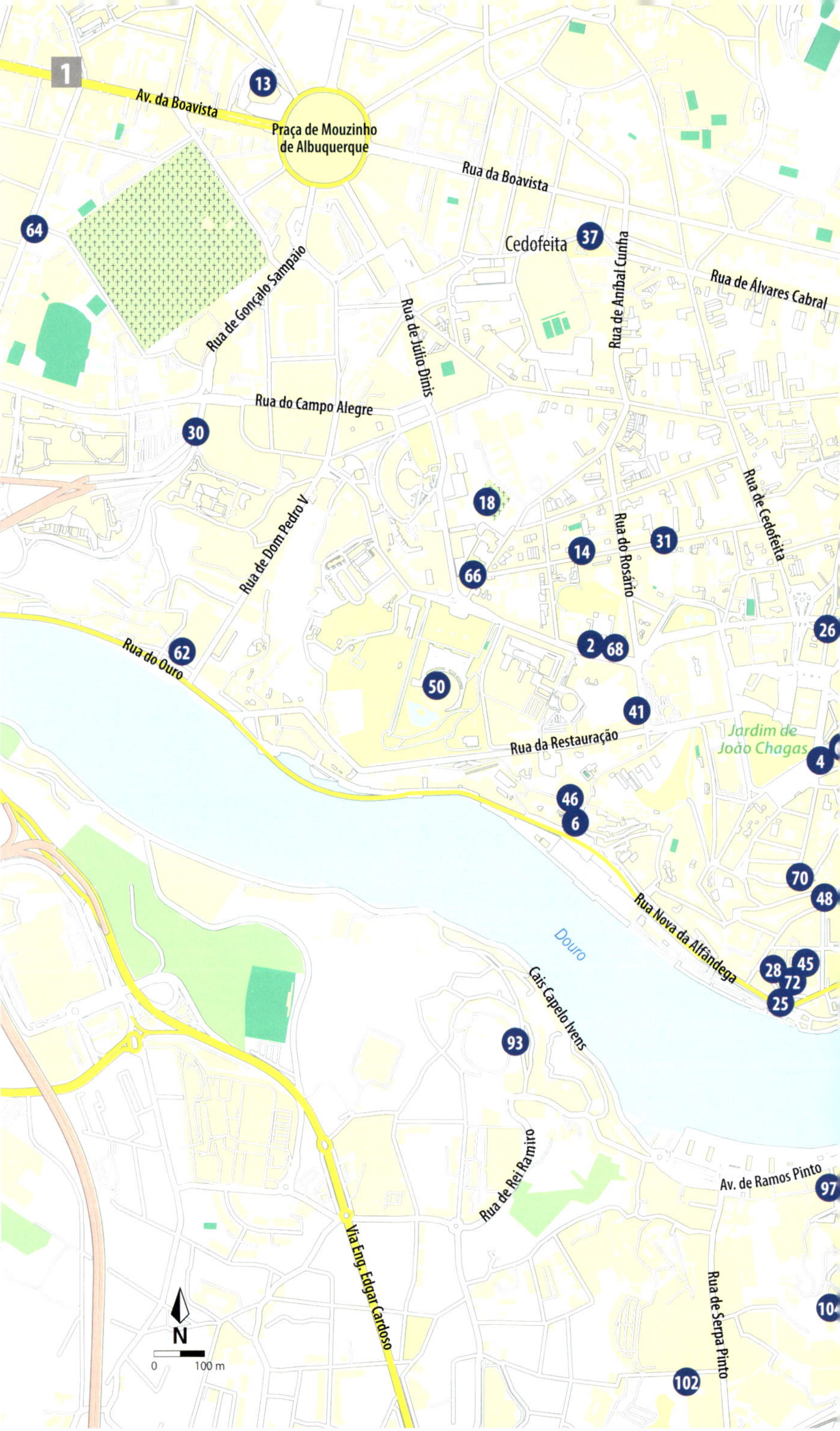
1
Av. da Boavista
13
Praça de Mouzinho de Albuquerque
Rua da Boavista
64
Cedofeita
37
Rua de Aníbal Cunha
Rua de Álvares Cabral
Rua de Gonçalo Sampaio
Rua de Júlio Dinis
Rua do Campo Alegre
30
18
Rua de Cedofeita
Rua de Dom Pedro V
31
14
Rua do Rosário
66
26
62
Rua do Ouro
2
68
50
41
Rua da Restauração
Jardim de João Chagas
4
46
6
70
48
Rua Nova da Alfândega
Douro
45
28
72
25
Cais Capelo Ivens
93
Rua de Rei Ramiro
Av. de Ramos Pinto
97
Via Eng. Edgar Cardoso
N
0
100 m
Rua de Serpa Pinto
102

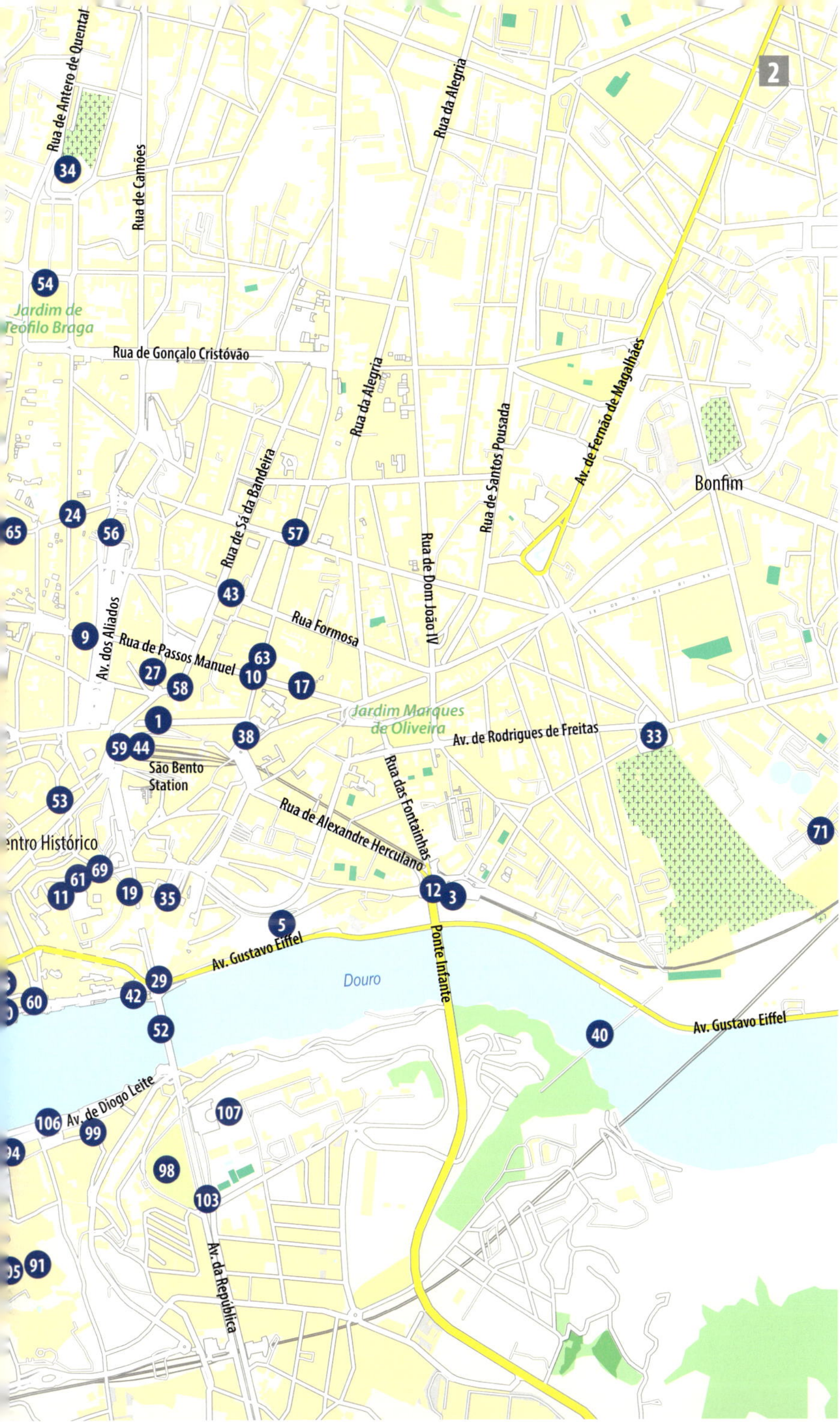
2
Rua de Antero de Quental
Rua de Camões
Rua da Alegria
Jardim de Teófilo Braga
Rua de Gonçalo Cristóvão
Rua de Sá da Bandeira
Rua de Santos Pousada
Av. de Fernão de Magalhães
Bonfim
Rua de Dom João IV
Rua Formosa
Av. dos Aliados
Rua de Passos Manuel
Jardim Marques de Oliveira
Av. de Rodrigues de Freitas
São Bento Station
Rua de Alexandre Herculano
Rua das Fontainhas
entro Histórico
Av. Gustavo Eiffel
Douro
Ponte Infante
Av. Gustavo Eiffel
Av. de Diogo Leite
Av. da República
34
54
65
24
56
57
43
9
63
27
10
58
17
1
38
33
59
44
53
71
69
61
11
19
35
12
3
5
29
60
42
52
40
106
99
107
94
98
103
95
91

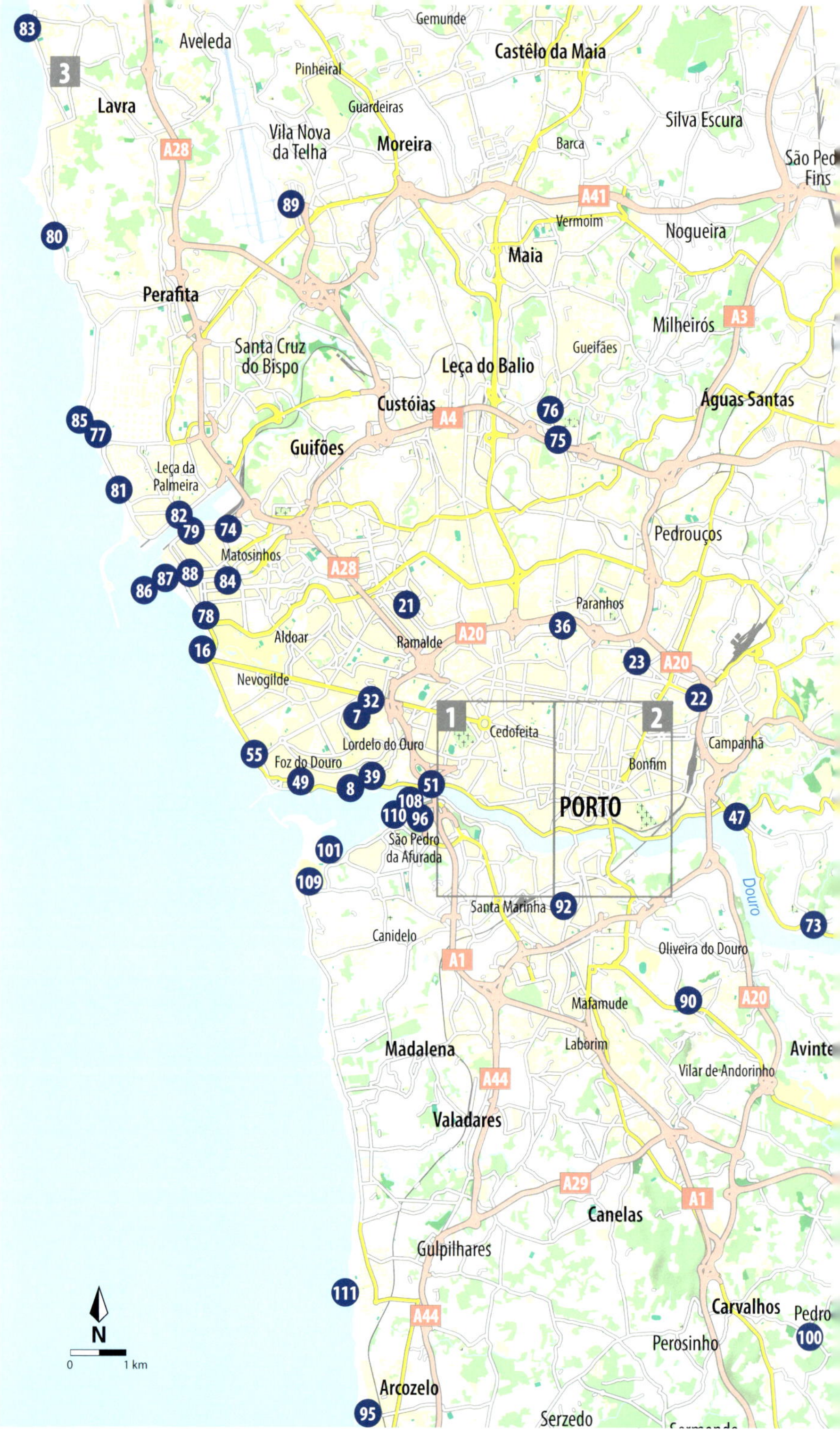
3
Lavra
Aveleda
Pinheiral
Gemunde
Castêlo da Maia
Guardeiras
Vila Nova da Telha
Moreira
Barca
Silva Escura
A28
A41
Vermoim
Maia
Nogueira
Perafita
Santa Cruz do Bispo
Leça do Balio
Gueifães
Milheirós
A3
Custóias
A4
Águas Santas
Guifões
Leça da Palmeira
Matosinhos
A28
Pedrouços
Paranhos
Aldoar
Ramalde
A20
A20
Nevogilde
Cedofeita
1
2
Campanhã
Lordelo do Ouro
Bonfim
Foz do Douro
PORTO
São Pedro da Afurada
Douro
Santa Marinha
Canidelo
A1
Oliveira do Douro
Mafamude
A20
Laborim
Madalena
A44
Vilar de Andorinho
Valadares
A29
A1
Canelas
Gulpilhares
A44
Carvalhos
Perosinho
Arcozelo
Serzedo
N
0
1 km
83
80
89
85
77
81
82
79
74
86
87
88
84
78
16
21
36
23
22
76
75
32
7
55
49
8
39
51
108
110
96
101
109
47
92
73
90
111
100
95

Catrin Ponciano
111 Orte an der Algarve, die man gesehen haben muss
ISBN 978-3-7408-1837-1

Catrin Ponciano
111 Orte im Alentejo, die man gesehen haben muss
ISBN 978-3-7408-1067-2

Kathleen Becker
111 Orte in Lissabon, die man gesehen haben muss
ISBN 978-3-7408-0244-8

Rüdiger Liedtke
111 Orte auf Mallorca, die man gesehen haben muss
ISBN 978-3-7408-2239-2

Sabine Kiesewein, Carl Lang
111 Orte auf Fuerteventura, die man gesehen haben muss
ISBN 978-3-7408-1973-6

Andreas Drouve
111 Orte am Jakobsweg, die man gesehen haben muss
ISBN 978-3-7408-1092-4

Rolando Grumt Suárez
111 Orte in Barcelona, die man gesehen haben muss
ISBN 978-3-7408-0994-2

Rolando N. Grumt Suárez
111 Orte auf El Hierro, die man gesehen haben muss
ISBN 978-3-7408-0846-4

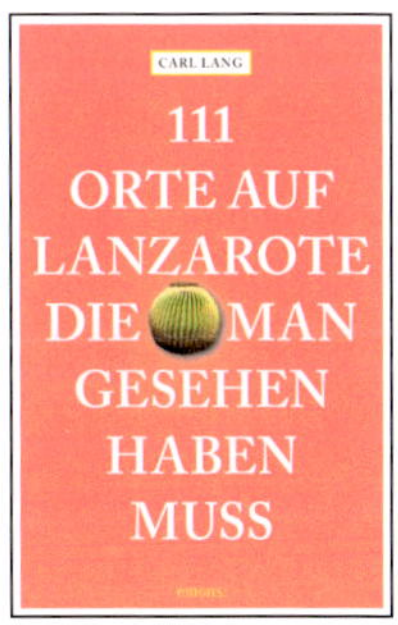

Carl Lang
111 Orte auf Lanzarote, die man gesehen haben muss
ISBN 978-3-7408-0836-5

Rolando G. Suárez
111 Orte auf Gran Canaria, die man gesehen haben muss
ISBN 978-3-7408-0436-7

Sibylle von Kapff, Gerhard von Kapff
111 Orte auf Teneriffa, die man gesehen haben muss
ISBN 978-3-95451-916-3

Kirsten Lux, Lisa Graf-Riemann
111 Orte auf La Palma, die man gesehen haben muss
ISBN 978-3-7408-0345-2

Andreas Drouve
111 Orte im Baskenland, die man gesehen haben muss
ISBN 978-3-7408-2023-7

Robert Zsolnay
111 Orte auf Ibiza und Formentera, die man gesehen haben muss
ISBN 978-3-7408-1979-8

Ralf Nestmeyer
111 Orte an der Côte d'Azur, die man gesehen haben muss
ISBN 978-3-7408-2020-6

Ralf Nestmeyer
111 Orte in der Provence, die man gesehen haben muss
ISBN 978-3-7408-1960-6

Marcus X. Schmid
111 Orte in der Bretagne, die man gesehen haben muss
ISBN 978-3-7408-1880-7

Kay Walter
111 Orte am Canal du Midi, die man gesehen haben muss
ISBN 978-3-7408-1086-3

Hilke Maunder
111 Orte in Toulouse, die man gesehen haben muss
ISBN 978-3-7408-1091-7

Martin Roos,
Jean-Claude Bourgueil
111 Orte in der Champagne, die man gesehen haben muss
ISBN 978-3-7408-1084-9

Evelyn Pschak
111 Orte in den Pyrenäen, die man gesehen haben muss
ISBN 978-3-7408-0562-3

Daria Rizzello
111 Orte in Apulien, die man gesehen haben muss
ISBN 978-3-7408-1860-9

Jörg Dauscher
111 Orte in Bozen, die man gesehen haben muss
ISBN 978-3-7408-1897-5

Eileen Stiller
111 Orte auf Sizilien, die man gesehen haben muss
ISBN 978-3-7408-1424-3

Insa Hohmann, Katharina Hohmann, Fritz von Klinggräff
111 Orte am Lago Maggiore, die man gesehen haben muss
ISBN 978-3-7408-2118-0

Giulia Castelli Gattinara
111 Orte in den Dolomiten, die man gesehen haben muss
ISBN 978-3-7408-1972-9

Ulrich Kohlmann
111 Weinorte in der Toskana, die man gesehen haben muss
ISBN 978-3-7408-1741-1

Danksagung

Kein Buch entsteht ohne Hilfe. Bis es gedruckt vorliegt, geht mein Manuskript durch etliche Hände. Mein dritter 111-Orte-Band über Portugal, »111 Orte in Porto«, war eine besondere Herausforderung, denn ich musste ihn in mehreren Portionen schreiben. Der Alltag einer Schriftstellerin besteht zumeist nicht nur aus Schreibarbeit, sondern aus vielen großen und kleinen Aufgaben, die fern vom Büro erledigt werden wollen.

Doch Ende Juni war es endlich so weit. Der Text war geschrieben, 111 wunderbare Fotos nach einem Sechs-Tage-Marathon durch Porto, Matosinhos und Vila Nova de Gaia waren eingefangen, dank der Hilfe meiner geschätzten Freundin und Fotografin Marion Louca, die sich mit mir zusammen kilometerweit auf die Pirsch nach den besten Motiven gemacht hat. Mein Mann Arménio verzeiht mir bei jedem Buch wieder meinen irren Blick und meine kurzen, wenn überhaupt gegebenen Antworten während der Schlussphase, wofür ich ihm sehr dankbar bin. Im Emons Verlag danke ich der Kreativ-Abteilung für das ansprechend gestaltete Ikon auf dem roten, zu Porto und dem Portwein passend ausgewählten Cover. Sonja Erdmann danke ich für das »Ja« zu diesem dritten Band aus meiner Feder. Der Lektorin Julia Lorenzer danke ich für ihre Geduld, ihre Argusaugen und das Glattfeilen von Ecken und Kanten.

Agradecimentos

Quero agradecer às pessoas e instituições que me apoiaram, quer na fase de pesquisa quer ainda durante os seis dias de maratona fotográfica para que, este livro »111 Lugares no Porto«, acontecesse. Primeiramente, à minha querida amiga Amélia Azevedo e às »Varinas da Afurada«: Adelaide Sousa, Ana Catarino, Ermelinda Lapa, Lurdes Cacheira, Manuela Correia, e Paula Crista, pela participação na sessão fotográfica no Lavadouro e a sua permissão para utilizar as fotos no meu livro.
Obrigada ao meu amigo António Franchini, por nos convidar a fotografar a sua Galeria Ap'Arte. Quero agradecer a Ana Magalhães, do Museu Nacional Soares dos Reis, por nos convidar a realizar uma visita privada ao Palácio e ao Museu, e pela disponibilização das fotografias da Casa-Museu de Fernando de Castro. Agradeço a Ana-Maria Lourenço pelo convite para usufruir dos museus da WOW-World of Wine, e aí poder fotografar á vontade. Agradeço à Câmara Municipal do Porto, em especial, a Mário Gomes por nos permitir tirar fotografias ao Paço do Concelho, e a António Tavares, por permitir fotografar o interior da Igreja dos Clérigos.
Obrigada a Alberto Gonçalves, dono da emblemática livraria Tim-tim portimtim. Quero agradecer ainda a João Neto do Museu da Farmácia e às Entidades Públicas das Infraestrutura de Portugal e Comboios de Portugal por todo o apoio durante este meu projeto. Os últimos agradecimentos são para os meus caríssimos amigos, Paula Villares Pires, Helena Barros e Ralf Wokan pelas vossas dicas pessoais sobre o Porto. Ao Arménio, meu amor, agradeço-te pela paciência que tens durante os meus projetos e por cada momento. Finalmente, graças á equipa de Guesthouse Menina-Colina, onde passámos uma estadia super agradável.
Ponto final: Obrigada, Porto!

Catrin Ponciano, Schriftstellerin und frühere Küchenchefin, wagte 1999 einen Neuanfang in Portugal. Dort legte sie 2006 das Messer aus der Hand und nennt seither einen Stift ihr Werkzeug. Für deutschsprachige und internationale Medien und Blogs publiziert die Freelancerin redaktionelle Artikel über ihre Wahlheimat mit Schwerpunkt Kultur, Kunsthistorie und Lebensalltag. Poncianos Krimi-Debüt »Leiser Tod in Lissabon« wurde 2021 mit dem Stuttgarter Krimipreis ausgezeichnet. Zu Poncianos Portugal-Expertise zählen zudem Management für Kulturreisen nach Maß sowie die Begleitung von TV-Drehteams. Die Autorin ist Mitglied im Syndikat für deutschsprachige Kriminalliteratur und wohnt gemeinsam mit ihrem Mann in Portimão. »111 Orte in Porto, die man gesehen haben muss« ist nach den Bänden über die Algarve und den Alentejo ihr dritter »111-Orte«-Band über Portugal.